JN123000

丹後半島の大集落

木子と駒倉は
どのように消滅したか

京都教育大学名誉教授　坂口慶治 著

海青社

1. 20万分の1地勢図からみた丹後地方の概観

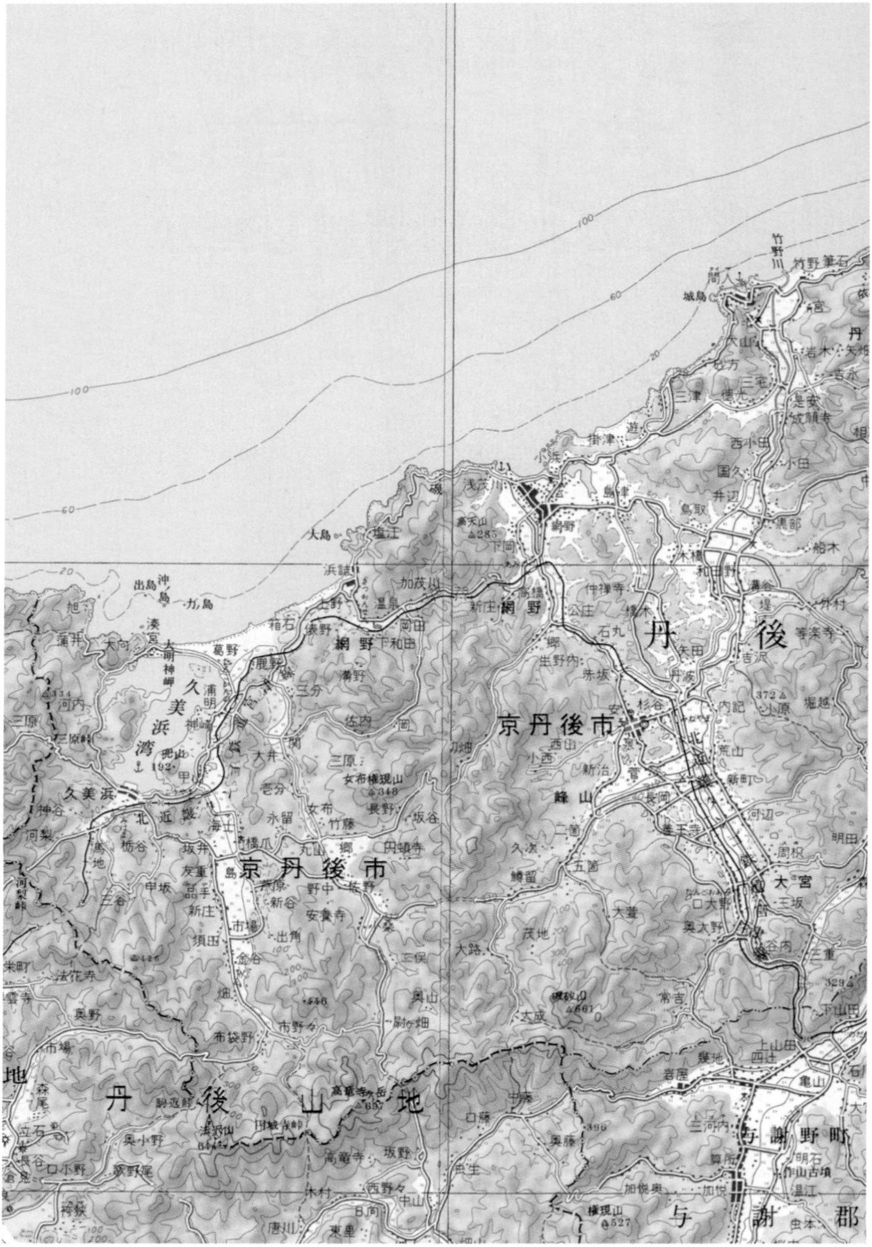

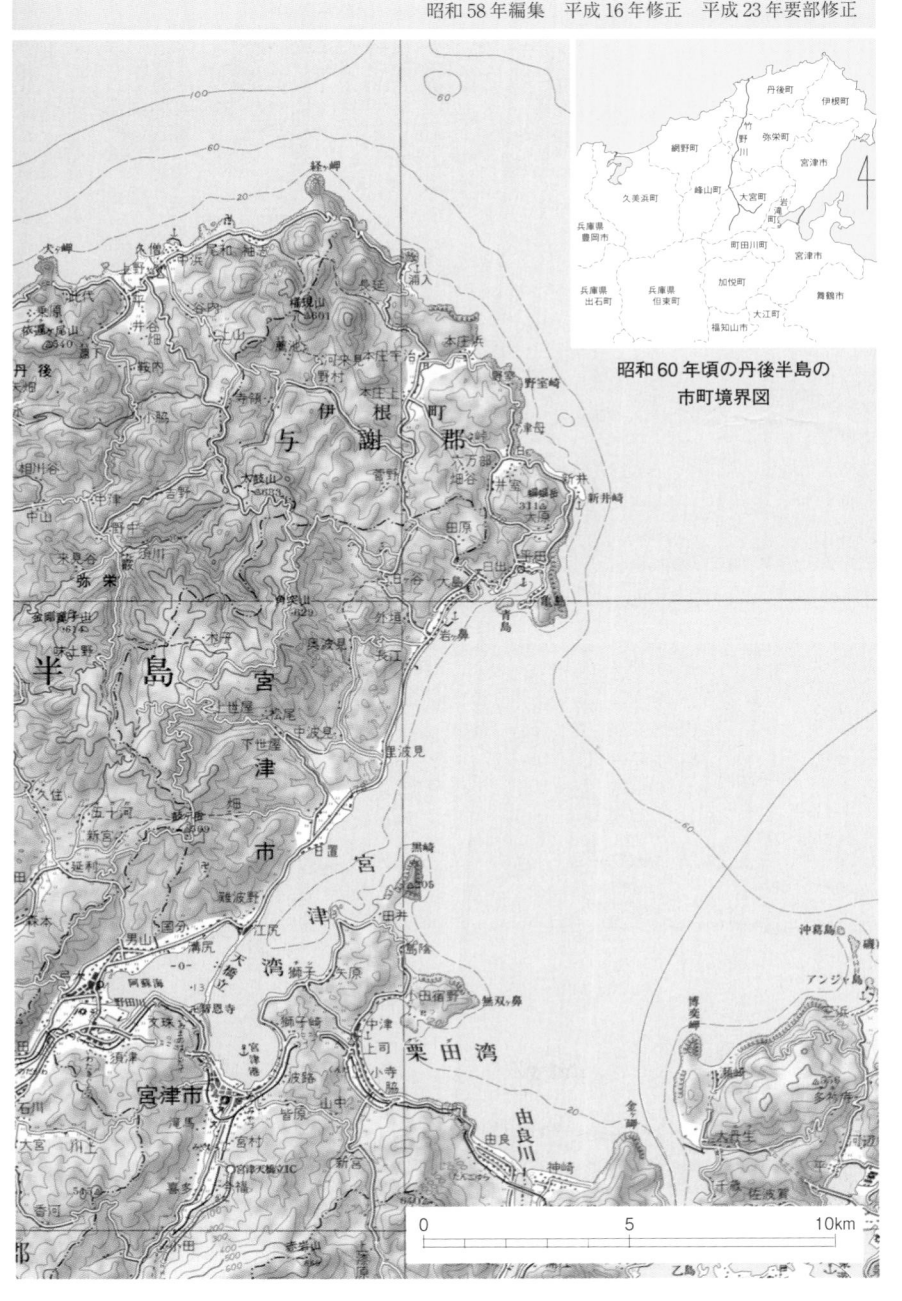

昭和60年頃の丹後半島の
市町境界図

2. 世屋高原の木子と駒倉

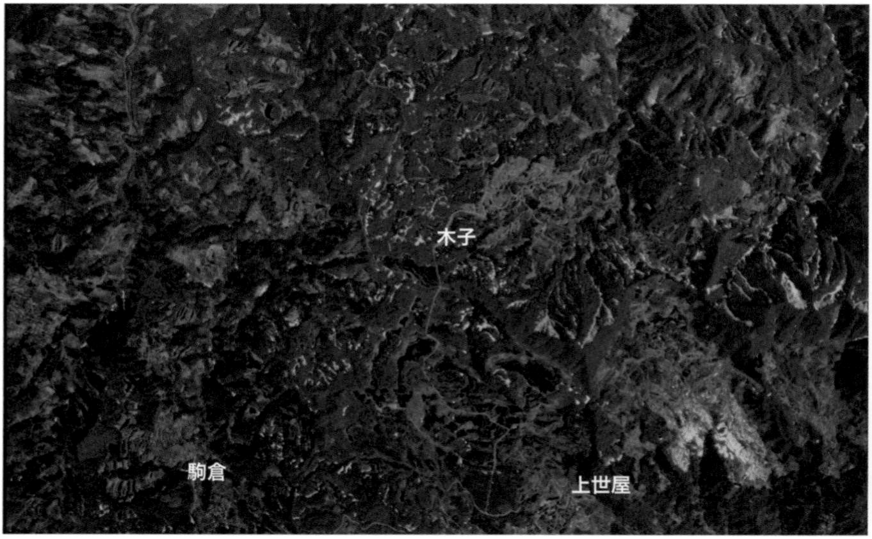

旧世屋村北西部の空中写真(2万分の1)KK63-2XC1-5、昭和38年撮影

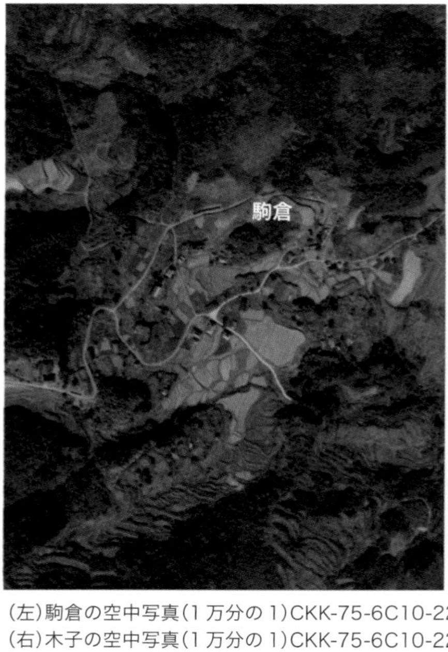

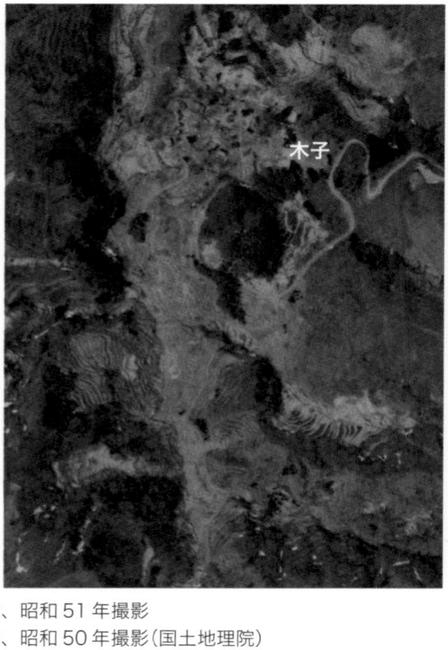

(左)駒倉の空中写真(1万分の1)CKK-75-6C10-22、昭和51年撮影
(右)木子の空中写真(1万分の1)CKK-75-6C10-22、昭和50年撮影(国土地理院)

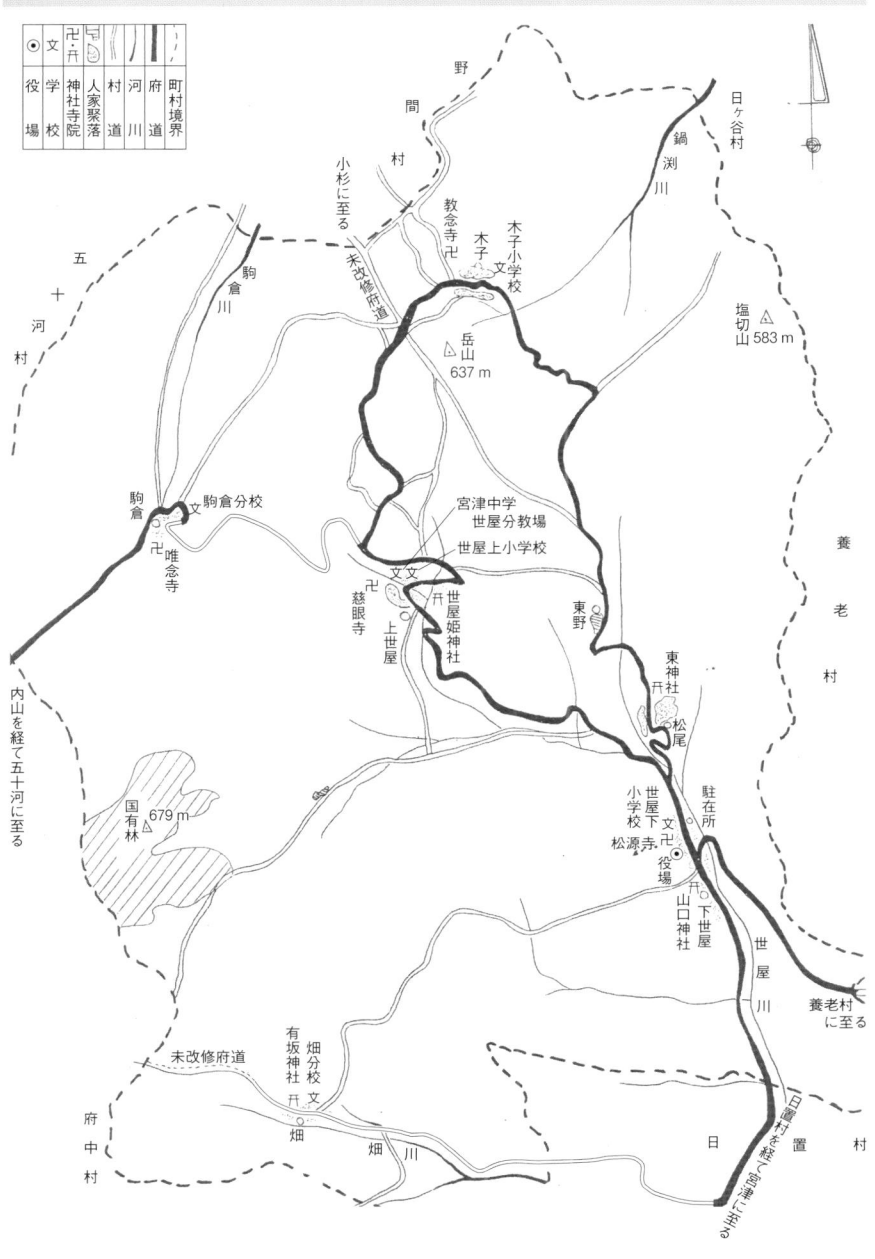

① **雪暮れの木子の全景**　岳山より北方を展望(昭和29年2月午後3時30分、木子小学校和田敬之助教諭撮影)

② **世屋小学校木子分校の教員宿舎の廃屋**　明治26年世屋村立木子尋常小学校として開設。昭和43年一時閉鎖、昭和46年再開、昭和47年廃校。

③ **教員宿舎前の朽ち果てた民家**

④ **国営農地造成で剥ぎ取られた集落南方の山肌**(本文214〜217頁)　昭和61年着工。平成元年完工。植栽面積17.2haの畑地。入植者6戸の内、2戸が転入戸、4戸が集落外からの通耕者。木子の残留戸や離村戸は皆無。

⑤ **完全に放棄された国営農地造成地**　10年間でほぼ半分が放棄。平成8年全面荒廃。

⑥ **集落入り口に立つペンション2戸の案内板**　準廃村化後に転入が17戸あったが、平成28年には牧場経営1戸とペンション経営2戸のみが残った。

① **駒倉廃村之碑** 残留2戸の離村決意により昭和47年に建立。「宮津市駒倉48戸」の刻文は明治23年の在村45戸とその後の分家3戸を合わせた戸数。昭和39年の集落解散の決議時の戸数とは異なる。

② **世屋上小学校駒倉分校跡** 世屋上尋常小学校の複々式分教場として明治36年に開設。昭和41年廃校。

③ **唯念寺跡碑** 昭和41年に無住寺の堂舎を網野町の寺に売却し、その売却金の一部で廃村跡地に記念石碑を建立。

④ **宅地跡** 炊事場の残骸のみが留まる。

⑤ **植林された宅地跡** 営林署によって植林されて林地化した宅地跡。

⑥ **放棄された谷間の畑跡** 植林が進まず原野化した耕地跡。

① **上世屋の全景**　明治初期には73戸あって、丹後半島最大の山地集落であったが、機業兼業の終息で一気に離村が進んだ。昭和51年に「日置中学校世屋上分校」、昭和58年に「世屋小学校世屋上分校」が休校。

② **散在する廃屋**　標高350mの地辷り性凹地にあり、週3便の福祉路線バスが入っているが、令和2年には在来4戸と転入8戸となり、廃屋と空家が散在する。

③ **藤織り伝承交流館**　廃校になった中学校分校の校舎を使用して平成25年に設置され、宮津市の「地域おこし協力隊」の隊員1名が入所する。

④ **残存している棚田**

⑤ **世屋高原ハイランドの案内板**　宮津市が昭和55年にレジャー産業の育成を目指して、「世屋高原地域総合整備計画(世屋ハイランド＝世屋の郷計画)」を立案・整備を図る。

は じ め に

　京都府北部の丹後半島は、わが国における廃村（人口激減地）の集中的な発生地となっている。とくに、その中には昭和38年の三八豪雪以降の廃村が多くあって、豪雪による廃村化の問題が社会的な関心を集めた。そこで、昭和40年からその実態を把握するために現地調査を始めたが、その結果はここでの廃村の約半数は三八豪雪よりも前に発生したものであり、豪雪災害が直接的な理由となっていたのは、壮年の男子が挙って出稼ぎに出ていて冬季に極端な保守能力不足に陥っていた少数の集落に限られていた上に、その豪雪以降に廃村化した集落の多くは豪雪の前に既に部分廃村化段階に入っていて、豪雪はその廃村化の流れを後押ししたに過ぎないものであったことが判明した。

　さらに、当時は高度経済成長期の真中で、その廃村の発生機構についても総資本による破壊作用でもって説明し尽くす論法が風靡していたが、丹後半島での廃村化の歴史は明治・大正時代にまで遡ると共に、戦後においても補助食料の生産を担う焼畑や主要な副業となっていた薪炭業の潰滅によって惹起されたもので、集落の特異な立地環境や生業構造、及び旧態的な社会構造によって自壊作用的に進行したことが明らかになった。その上に、三八豪雪以降の廃村化も、昭和39年の牛肉輸入枠の拡大路線への政策転換によって、唯一の現金収入源となっていた犢価格が急落し、山地集落の生業の最後の砦となっていた犢の生産と、それに連動する僻地型の小規模な宇川牛・筒川牛・丹後牛の肥育の衰滅によるものであることが判明した。

　また、昭和40年頃には人口激減地を過疎地と捉えて、それが西日本に多くて東日本に少ないのは単にタイムラグに過ぎないものであり、天気が西から東に移り変わるようにしていずれは徐々に東に移行するという、いわゆる『過疎化偏西風論』が蔓延していたが、この論法も着実な地域論的分析を欠いた単なる皮相論であったために、その予測は現在に至るまで明瞭には現れていない。

　こうした見解に対して、集落単位での微視的な実態調査の結果では、集落人口の激減現象は国家や地方自治体による画一化政策や地方産業の展開による地域格差の拡大等の影響を受けながらも、それぞれの集落の自然的・社会的な不均質性ないしは不安定性に基づいて地域現象的に進行している側面が顕著であることが明白になった。

　その点をさらに体系的に究明するために、丹後半島東部山地の山頂帯で互いに隣接して立地する木子と駒倉の２廃村を取り上げて、それらの廃村化経過と立地環境や集落特性との相互関係を綿密に比較分析して、廃村化の機構と要因を解明しようとしたのが本書である。この２廃村は明治初期には木子56戸、駒倉42戸を擁した大集落で、丹後半島東部の山地地域の中軸的集落をなしてきた上に、いずれもこの地域における挙家離村の一般的な趨勢と符合する戸数規模の縮小過程を辿り、戦後にはその廃村発生の最盛期となる昭和37年に部分廃村化段階に突入していて、この地域での廃村化現象の標識的な事例となっていた。そうした２廃村での廃村化過程の詳細な比較分析の結果、木子では集落の分断型の歪な社会的・経済的な階層構造が集落社会の自壊作用を招き、駒倉では二次的生活空間となった明治行政村で受けた疎外化によって委縮し、廃村化に至った機構が明らかになった。

　その上で、このようにして丹後半島において得られた廃村の発

生機構に関する知見を、さらに普遍化する目的で近隣の近畿内帯山地における廃村の発生状況と対比しようとして、廃村が比較的に集中して発生している鈴鹿山地の多賀町にある3廃村、及び丹波山地中流部の旧和知町にある3廃村とその源流部の京都市にある2廃村を取り上げて、木子・駒倉と同様に集落間での比較分析を行って集落構造と廃村化との関係を追求した結果と、ヨーロッパ及び合衆国の山間地での宅地荒廃と耕地荒廃（廃村化）の発生機構を文献によって掌握して日本における宅地荒廃と耕地荒廃の特質を考察した結果を、令和4年5月に上梓した『廃村の研究――山地集落消滅の機構と要因』（海青社刊）に収録した。本書は、その著作の中軸部をなしている丹後半島東部山地の廃村研究、とくに木子と駒倉の廃村化の機構と要因の分析結果を改めて再構成し、抽出したものとなっている。

　なお、それらの集落では大火による焼失や過去の調査などによる持ち出しによって区有文書が紛失しているので、使用できた資料は主としてヒアリングと公文書に限られている。また、本書で使用した市町村名とその領域は平成16・18年の大合併直前のものを使用し、年号には原則として元号を用いて随時西暦を加筆することにした。

令和5年9月　　坂口慶治

丹後半島の大集落
木子と駒倉は
どのように消滅したか

目　次

口絵内容

1章　廃村の概念

1-1　人類居住史における廃村化の位置づけ

　廃村とは、字義的には「村」の廃絶を意味しており、それには
江戸時代の藩制村や明治時代以降の行政村の統廃合、あるいは共
同体的な「ムラ社会」の衰滅や農山漁村の崩壊なども含まれるこ
とになる。しかし、藩制村や行政村の消滅は必ずしも居住地の潰
廃とは一致しておらず、またムラ社会の衰滅についても旧来の因
習的な閉鎖社会からの解放をもって直ちに「村」社会の後退的変
容、即ち廃村化とみなすことにはならないという問題をもってい
る。さらに、農山漁村の崩壊の問題についても、それらの主産業
の衰滅が特有の「ムラ社会」の崩壊をもたらすとはいえ、この場
合においても居住空間の潰廃との間には乖離があることになる。

　そこで、本書では共同体をなす村落社会の基本的な空間単位で、
しかも景観として具体的な形態をなして、地図上に客観的に点描
できる「集落」の廃絶をもって「廃村」と定義し、その集落の管理
中枢の拠点となる居宅の集合空間（狭義の集落）における戸数減少
とその培養空間の耕地や林野などの経営形態の粗放化を指標にし
て、廃村化の量的・質的段階を判別することとした。

　さらに、「廃村」はその集落の人口減少の終局点であるために、
実数は必ずしも多くないことから特殊現象として片づけられやす
く、その多くが居住地域ないしは文化地域の外縁部に集中して現

れるところから、隔絶地域における孤立現象として軽視されやすい側面をもっている。しかし、それは「人類社会の地表占拠」における水平的・垂直的限界の動態的変化の一局面を示すもので、人類の居住空間(エクメネ)の縮小、あるいは居住地前線(パイオニアフリンジ)または開拓前線(フロンティア)の後退現象として、世界の各地において発現している。

　実際に、その居住地前線は基本的に開拓の実験地帯であって、集落の定着度が低いために常に前進と後退を繰り返してきており、中でも19世紀の近代社会の成立以降に騎虎の勢いで大資本の投入によって政策的・企業的に開発されてきた寒冷地帯・森林地帯・乾燥地帯・湿地帯・悪土壌地帯などの平原部の居住地縁辺帯では、その植民地型のモノカルチャー経営が政体の転換や世界経済の変動によって崩壊し、開拓集落が急激に変容・撤退を余儀なくされている所が多くある。また、開拓の歴史が古い平原部での居住地帯においても、開拓後の気候変動・土壌悪化(地力減退・土壌侵食)・地下水位の変動・海面変動(海岸侵食・低地の卑湿化とその逆現象)・地形変化(河川の移動・飛砂)・突発的災害(洪水・津波・火山噴火・地震による埋没)などの自然条件の悪化や、戦争・火災・伝染病・資源の枯渇・海外移住・民族移動・向都離村・出生率低下・支配者による土地没収と囲い込み・経済恐慌・商業貿易路の移動などの人文条件の変転によって、多くの集落が消滅している。

　また、平地部の人口圧の上昇によって開拓されてきた山地部の居住地縁辺帯では、その開発に要する費用が大きいために、一般的には豊富な労働力に依存する労働集約的な土地利用形態を展開し、村落共同体的な組織によって支えられる零細規模の自給自足的な複合経営を行う集落を形成してきたが、広域に展開する貨幣

経済の進展と近隣地域の産業構造の急変やそれに伴う集落内での労働力補給の途絶によって廃村化が進行している事例が多く、本書で取り上げる丹後半島東部山地における廃村も、その類型に入るものとみなされる。

1-2　木子と駒倉における廃村研究とその研究視点

　木子と駒倉は、近畿内帯山地では廃村の最も集中的な発生地となっている丹後半島東部山地の最高所に位置する大集落で、共に昭和38年の豪雪の前年に部分廃村化が始まっていて、戦後の高度経済成長期における廃村化の標識的な事例となっている。

　廃村化を惹起する要因ないしは作用には、集落外部からのプル要因あるいは破壊作用と集落内部からのプッシュ要因あるいは自壊作用があるが、そのプルとプッシュ、または破壊と自壊の関係は力学的・相対的であって、その実態の把握には厳密な定量的分析が必要となる。そこで、本書ではこの丹後半島東部山地において互いに隣接して立地し、多くの自然・文化・生業の側面で共通点をもちながらも、戸数の欠落過程で顕著な差異を示してきた木子と駒倉の2廃村を取り上げて、それぞれの集落の立地特性を比較分析して廃村化の要因を抽出することにした。

　その析出作業では、とくに両集落の生業構造、及び経済的・社会的な階層構造の変遷過程の特徴を捉えて、その差異と離村動向との関係を定量的に検証し、さらに戦時中の徴兵制度の影響や戦後の中学校卒業生の就職動向の変遷、並びに通婚圏の推移（嫁飢饉の発生）と離村形態との関係を解明することにした。その上で、準廃村化後における集団離村の成否と集落の社会形態との関係を検討すると共に、転入戸の動向や国営農地造成事業の顛末を点検

して廃村の蘇生・再生の道を探った。

　その結果、この2集落の廃村化過程には外部地域からの直接的な吸引(プル)作用によって引き起こされた形跡は不明瞭であり、しかもその押し出し(プッシュ)要因となった生業構造の衰退についても厳しい自然環境と集落内部の低劣な生産力との関係で派生した側面が強かったことが判明した。さらに、その廃村化過程においては閉鎖的な集落内部での経済的・社会的な階層の分断構造による社会崩壊が直接的なプッシュ要因となり、外部地域における離村受容力の拡大が誘引要因となったメカニズムを把握することができた。

2章　自然環境と集落の盛衰

　丹後半島は、京都府北西端部にあって、日本海にほぼ長方形をなして突出し、その中央部を南北に貫く竹野川の狭長な構造性の河谷盆地によって東部山地と西部山地に分断されている。

2-1　多種の岩相からなる地質構成

　その地質は、東部山地では新生代第三紀に始まる日本海形成期のグリーンタフ造山運動によって流出した玄武岩・安山岩・流紋岩等の火山岩類と、陸成層ないしは海浜堆積物の砂岩・礫岩・凝灰岩（グリーンタフ）・頁岩等が複雑に交錯して分布し、その内の粘土質の頁岩の露出地に水田が開かれ、水分が不足しながらも鉄・マグネシウム等の無機塩類に富む玄武岩地に畑地が点在し、痩せ地で保水力の低い砂礫岩地に焼畑地や薪炭の産地が形成されてきた。一方、西部山地では白亜紀後期にアジア大陸縁辺部で古生層に貫入した肥料分の乏しい花崗岩地が広く露出しているために、沖積層が堆積する浅い谷底部以外には開発の手が及んでいない。

2-2　細分化された地形面の集合体

　地形は、東部山地では新生代第四紀に生じた六甲変動の影響を受けて、四周を構造性の急崖に囲まれた標高680m以下の小規模

　な地塁性の山塊をなしており、山頂帯には前輪廻の侵食面と考えられる卓状高原面がみられるが、中腹帯では急傾斜地となり、山麓帯にも平地が少ない。その卓状高原面においても、地塊運動の影響を受けて形成された峡谷性の断層谷によって小地塊に分断されているので、頁岩と砂岩の接触地に生じた「地辷り性凹地」に規模のやや大きい水田農村が立地する以外には、小規模な畑作・焼畑集落が分散するに止まってきた。ただ、この山地では断層の発達に加えて、地盤の隆起による旺盛な浸食作用の影響を受けて、地層の層序が波状の接触線をなして地表に露出していて、異質な地層が空間的に錯綜して分布するために、その複雑な自然環境の接触構造に立脚して多品種少量生産型の小規模な自給自足的な生活空間（集落）が分散して成立してきたものとみなされる。

　さらに、海岸部では構造運動に規定されて汀線が直線状に走り、狭小な海岸段丘以外に平野がない上に、流入する河川が小流のためにデルタの発達もみられず、沖積平野が少ない。一方、西部山地では六甲変動の影響を受けて、南端の標高600～700 mの山嶺軸から北端の丹後海沿岸に向かって傾斜する傾動性地塊をなし、東部山地と同様に海岸に至るまで狭小な河谷底を除いては沖積平野が殆ど形成されていない。

　その結果、丹後半島では弥生時代以降には大陸との交易の玄関口となって竹野川の構造谷にいち早く稲作文化が浸透し、花崗岩地の珪砂や砂鉄を用いて古墳時代にかけてわが国における玉造りや鉄製品の生産先進地となって大和王権にも匹敵する政治勢力が形成されると共に、その産業の衰退によって生じた平地部の高い人口圧に押し上げられて、居住地前線が逐次上昇したものと想定される。

2-3 丹後半島の気候と植生

　丹後半島の気候は、全体的には冬季に多雪となる日本海式気候帯に属するが、垂直的な変化が著しく、海岸部では対馬暖流の影響により京都盆地よりやや温和な暖帯気候を呈しながらも、山頂帯では夏も冷涼な冷温帯気候となっている。

　それを反映して、丹後半島の植生分布は全域的には西南日本の暖帯照葉樹林帯と東北日本の冷温帯落葉樹林帯の水平的な接触地に当たると共に、垂直的には標高200m以下の低地帯にクス・カシ・ヤブツバキ等の常緑広葉樹とエノキ等の落葉広葉樹が混生する照葉樹林帯が展開し、標高500～700mの山頂帯にイヌブナを基本とする冷温帯落葉樹林（温帯上部植物相）帯が形成され、その中間帯の標高200～500mにクリ・クヌギ・ネムノキ・カエデ等の落葉広葉樹からなる暖帯落葉樹林帯（温帯下部植物相）が挟まれて存在している。ただ、それらの垂直的な分布高度は、この地域が西南日本型気候と東北日本型気候の漸移帯に位置するために、照葉樹林帯の上限が西南日本よりも低く、冷温帯落葉樹林帯の下限が東北日本よりも高くなっている上に、山地の高距限界が700mと低いために冷温帯落葉樹林帯（ブナ林帯）の分布域が狭小となっている。

　さらに、それらの樹林帯の全てが集落の進出によって人工改変されて二次林化し、とくにその内の冷温帯落葉樹林帯では巨礫岩層が展開する地質地帯と重なっているので、明治時代までは木挽きを主業とする定着性の低い木地屋集落が疎らに立地してきたが、大正時代以降にはそれより下方の暖帯落葉樹林帯の集落から農地不足を補うために行われる出作り形式による焼畑が盛んとなって、

原生林のイヌブナが痕跡的に残存するのみとなり、ミズナラ・リョウブ・ヒメモチ等の代償植生帯に変わってきた。しかし、昭和30年頃からは焼畑農業の衰退によって再び自然林への移行が進んでいる。

　また、暖帯落葉樹林帯は、急傾斜地の多い中腹帯にあたっていて、農地の少ない小集落が分散立地して山林資源への依存度が強く、とくに明治以降には平地部での燃料需要の拡大による副業的な製炭業が伸展して、伐採後の萌芽更新によるコナラ・クヌギ林への選択的拡大が進んだが、昭和35年頃からの薪炭生産の斜陽化と共に再び自然林への回帰が進んでいる。その中で、とくに宇川・竹野川上流の豪雪地帯では冬期に製炭が不可能であるために焼畑の対象地となり、その更新林が短命ながらも成長の早いシデの優先林となってきたが、明治中期以降には養蚕業の浸潤によって桑園に転換されたところが多くなった。しかし、それも昭和9年の世界恐慌による繭価の暴落以降には再びシデ林に戻り、さらに焼畑農業の衰退によって雑木林への移行が進んでいる。

　このようにして、この冷温帯・暖帯の落葉樹林帯では家畜飼育を伴う畑作を主業とし、焼畑・製炭を副業とする産業空間が出現したが、その焼畑の経営形態は北陸地方以北に見られる自給食糧の栽培を主とする小規模なナギハタ型であり、またその家畜飼育の形態も山地に特有の耕起・荷運び・厩肥生産のための雄牛の1頭飼いとなっていて、その家屋構造も茅葺四つ目型の母屋内に厩を置く内マヤ形式をなしており、全体として市川健夫ら(1984)が提唱するブナ帯文化型の生産・生活様式が浸透していて、丹後半島の主要部に見られる稲作主業の照葉樹林文化型の生産・生活様式とは異質性の強い文化ゾーンを成立させていた。

　一方、照葉樹林帯は低地を占めるので、沖積平地では早期から

開田化が進められ、また花崗岩地や巨礫岩地においては過伐や痩せ地に強い適応性をもつ常緑針葉樹のアカマツ林が展開してきた。そのアカマツは戦前には農家の自家用の建築材として利用され、戦時中には松根油の採取のために強制伐採された上に、丹後機業の発展によって撚糸用の高火力燃料として利用されたので、その分布上限は標高300 m付近にも達していた。しかし、昭和35年頃からの燃料革命後にはパルプ用材として大面積での皆伐が進み、さらに昭和45年頃からはマツ枯れ病で枯死するものが増えて、標高200 m以下の低地にまでコナラ・カエデなどの落葉広葉樹が混生し、積雪の少ない海岸部ではカシ林などの里山型の照葉樹林に移行しつつある。

　なお、スギ・ヒノキの造林地は土地不足によって、近年までは殆どみられなかったが、桑園・焼畑の消滅によって生じた荒地や、薪炭生産の壊滅によって利用価値が低下した広葉樹林地においてパルプ伐採業者が植林をし、また廃村跡地で営林署が国営事業として造林するものがみられるようになった。

　こうして、丹後東部山地では、地質的・地形的・気候的条件が異なる小規模な異質文化空間が錯綜して接触し、それによって畑作を主業にして焼畑・製炭を副業とする山村型集落、及び高冷地稲作を主業として製炭・育牛を副業とする農山村型集落、さらに稲作を主業とし賃機を副業とする農村型集落が成立してきた。しかも、それらは集落規模・文化形態・生業構造・社会構造等を異にしつつも、相互に対等的な関係を保って自立し、補完し合って共存してきたが、明治以降には中央集権化を進める行政的な画一主義と、広域志向性を追求する社会経済的な均等主義への価値観の転換によって、その補完的関係が崩壊して孤立を深めると共に、外部地域との相互関係においてもその隔絶的な地形的環境と気候

の漸移帯的な狭域性から急速に劣勢地域となり、廃村化が進行し
たものとみなされる。

3章　集落の立地形態と廃村化

3-1　山地集落の立地形態

　丹後半島の東部山地には多くの集落が立地してきたが、その山地の範域を決める山裾の位置は、稲作農業を基本とする日本の平地農村の景観を構成してきた古代の条里制に基づく一辺およそ1町（約109 m）の比較的に整然とした方格状地割が確保できなくなる幅員250 m以下の狭い谷口としている。その範域には明治23年に103集落が立地し、その内の65集落（戦後の開拓集落を除く）が平成2年までに廃村（全面廃村53、部分廃村12）化しており、その合計の廃村発生率は63.1％に及び、日本の中では特筆すべき廃村の集中的な発生地「廃村の巣」となっている。

　それらの廃村の5万分の1縮尺の地形図上における位置は**図1**のようになっている。

　この103集落の明治23年の戸数規模は、1〜5戸の極小集落が24集落、6〜10戸の微小集落が15集落（戦後の開拓集落1を除く）、11〜20戸の小集落が23集落、21〜40戸の中集落28集落、41〜60戸の大集落が9集落、61〜80戸の特大集落が4集落となっていて、1〜20戸の小規模な集落が62集落（60.2％）を占め、その内の極小集落の24集落と微小集落の13集落、及び小集落の16集落が平成2年までに全面廃村と部分廃村となっていて、それらの合計53集落でもって全65廃村の81.5％に達している。

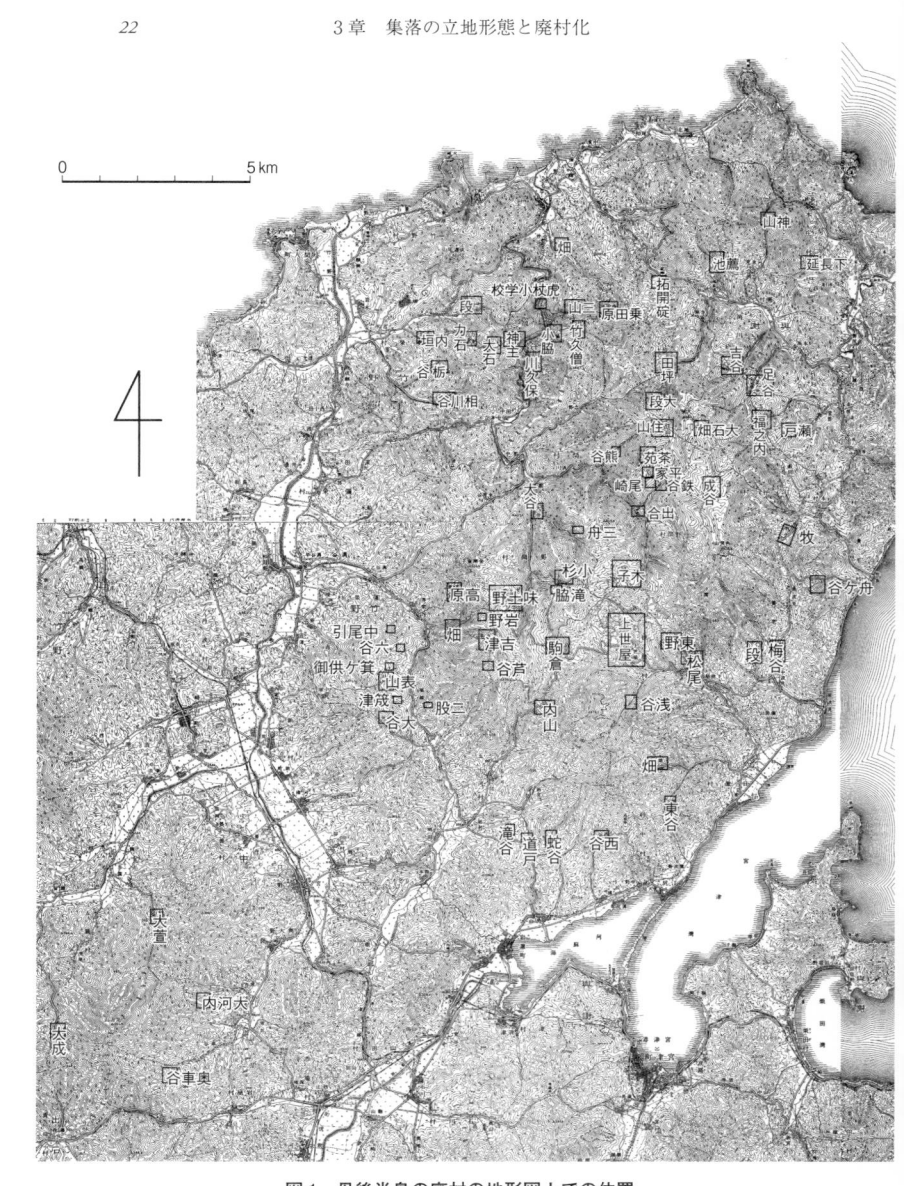

図1　丹後半島の廃村の地形図上での位置

（1/5万地形図「網野」「冠島」「宮津」「由良ヶ嶽」図幅　昭和26年応急修正、×0.25）

　このようにして、丹後半島の東部山地において廃村が多発した
のは、小規模集落が多数存在したことによるとみなされるが、そ
れはとりもなおさずそれらの集落の立地環境の劣悪さを示すも
のであったといえる。とくに全集落が廃村化した戸数1〜5戸の
極小集落は、標高10〜120mの山麓帯の花崗岩地の谷頭に1集
落(道戸)、121〜300mの中腹帯の玄武岩地の侵食斜面と砂礫層
地の谷頭の小窪地に12集落(二股・筬津・箕ケ供御・滝谷・熊谷・神
山・栃谷・六谷・中尾引・浅谷・出合)、301〜600mの山頂帯の玄武
岩地の侵食斜面に11集落(瀬戸・芦谷・岩野・大石畑・尾崎・鉄谷・
三舟・大段・住山・茶苑・平家)が立地していて、集落維持に必要な
戸数規模を持たない極小規模の集落が高所の隔絶地に分散立地し
ていたものとみなされる。
　また、戸数が6〜10戸の微小集落は、山麓帯の砂礫層地の谷中
の1集落(湯之山)と中腹帯の花崗岩地の谷中の1集落(横住)がな
おも残存しているが、山麓帯の砂礫層地の谷頭にある2集落(下
長延・舟ケ谷)と花崗岩・玄武岩の谷底にある2集落(相川谷・川久
保)、及び中腹帯の花崗岩地の小谷頭にある2集落(西谷・蛇谷)と
玄武岩地の侵食斜面にある2集落(表山・竹久僧)、及び砂礫層地
の小窪地にある2集落(牧・段)が廃村化しており、さらに山頂帯
の火山岩地の侵食斜面にある2集落(小杉・乗田原)と砂礫層地の
小窪地にある1集落(東野)が廃村になっていて、極小集落に準じ
て殆どの集落が廃村となっている。
　また、戸数が11〜20戸の小集落は、山麓帯の砂礫層地の谷中
にある3集落(立・朴丸・成)、及び中腹帯の花崗岩地の谷中にあ
る3集落(中山・中津・来見谷)と砂礫層地の崩壊斜面にある1集落
(弥栄町畑)の合計7集落がなおも残存しているが、山麓帯の玄
武岩・流紋岩地の侵食斜面にある3集落(小脇・井谷・丹後町畑)

と砂礫層の小谷頭にある1集落(内垣)、及び中腹帯の花崗岩地の谷頭にある1集落(大宮町大谷)と玄武岩・安山岩地の侵食斜面にある5集落(丹後町畑・弥栄町大谷・大石・神主・上山)と砂礫層の地辷り性凹地にある4集落(東谷・田坪・福之内・薦池)が廃村化しており、さらに山頂帯の玄武岩地の侵食斜面にある2集落(成谷・高原)と砂礫層の地辷り性凹地にある1集落(内山)が廃村になっていて、この場合においても高所の隔絶地に多くの集落が分散立地していたことが廃村多発の理由となっている。

　それに対して、戸数が21～40戸の中集落は、山麓帯に10集落と中腹帯に16集落が立地したが、集落規模がやや大きかったことと、交通的障害が比較的に少なかったために、廃村になったのは山麓帯の玄武岩地の谷頭にある1集落(三山)、及び中腹帯の玄武岩地の侵食斜面にある1集落(力石)と砂礫層の谷頭にある4集落(吉谷・足谷・一段・松尾)の合計6集落のみとなっている。

　また、戸数が41～80戸の大集落と特大集落は、丹後半島の平地が狭隘なために山麓帯においても僅かに5集落のみが立地し、傾斜地が多い中腹地には4集落が立地しただけであるが、その全てが交通的な障害が少ないために残存している。しかし、その山頂帯では卓状高原面の頁岩と砂礫岩の接触地に形成された地辷り性凹地に水田農業を主業にし、犢取り・薪炭生産を副業にする4集落(駒倉・木子・味土野・上世屋)が立地していたが、その全てが生業の壊滅によって廃村化している。

　このようにして、丹後半島の東部山地では平地部での高い人口圧に押し上げられて、多彩な自然環境に対応したモザイク型の多様な土地利用形態が編み出され、集落が雪崩常習地を除いて居住限界地にまでくまなく展開していたことが廃村多発の要因となっていたとみなされる。

　一方、西部山地では花崗岩からなる山頂帯には集落が全く立地しておらず、中腹帯に12集落、山麓帯に28集落がみられたが、その内で廃村化したのは中腹帯の砂岩・頁岩・凝灰岩の接触地に立地した３集落（山内・日和田・尾坂）と花崗岩地の小谷底に立地した３集落（大河内・奥車谷・大萱）のみである。その他に山麓帯の花崗岩・安山岩・流紋岩地に24集落が立地したが、いずれもが狭小ながらも沖積低地に接続していて交通的な障害が少ないために残存している。

3-2　廃村化の時期

3-2-1　廃村化の開始時期の確定方法

　廃村は人口減少の終局点であると共に、集落社会の生産的・社会的機能の壊滅を意味するとみなせば、わが国の山地集落の産業は概して家族労働力によって成立し、またその社会も家を単位として維持されてきたものであるから、廃村現象は単なる人口の減少によって進行するのではなく、家（戸）の減少が決定的な要因となると思われる。従って、その廃村化の経過を正しく把握するためには、単身離村よりも挙家離村の動向を検討することがより重要となる。ただし、挙家離村は当該集落が人口過密である場合には過剰人口の流出（適疎型流出）の性格を帯びるので、集落の消滅（廃村化）には結びつかず、単なる戸数規模の縮小化離村に留まることになる。

　縮小化離村から廃村化離村への転換点は、離村過程の中で最下層より中層部へと波及していく下層先行型離村から、最上層や中核層より中下層部へと進行する上層先行型離村への階層的逆転が生じた時点にあるとみなされる。それ故に、廃村研究においては

当該集落の人口支持力や階層構造との関係でもって挙家離村を捉えることが必要になる。そのことは、離村戸が下層部の場合には、離村戸の土地資産の多くは上層部によって取得されるので、土地不足の山地集落においては、適疎型流出の性格をもち、集落社会の維持には殆ど支障がない。

　一方、最上層や中核層が離村する場合には、それらの土地資産の多くは集落外に流出し、集落の経済力の低下を招き、「過密型流出」を誘発すると共に、集落の維持に必要な労働力規模を下回る「過疎流出」の性格を帯びることになる。そのことは、集落の末路を悲観する悪循環的な離村競争を生じ、雪崩的離村を誘引して廃村化段階に突入する。

3-2-2　全面廃村・部分廃村・準廃村の区分

　廃村化離村の段階に入っても、全戸が無住となる「全面廃村化」までの間にはある程度の年数が経過しているので、その期間を「部分廃村化」段階として位置づける必要がある。しかも、その部分廃村化の時期と期間は、概ね集落の戸数規模・交通条件・社会構造・災害規模などの諸特性や地方的な社会経済の動向などに規定されるので、廃村化を村落社会の衰滅の問題として考察する場合には、「全面廃村化」の年次よりも「部分廃村化」の開始年次と、その時点から全面廃村化に至る期間の長短が重要な研究課題となる。

　その上で、大多数の住民が離村する状況においてなおも若干戸が個別的事情によって残留する場合には、景観的には全面荒廃を免れていても、村落社会的には壊滅したものと捉えて、その残存期間を「準廃村」化段階として扱い、その時点をもって廃村化の完了年次とみなすことができる。

3-2-3　集落の戸数規模別にみた廃村発生の時期

こうして捉えた丹後半島の東部山地における部分廃村化の時期は、資料**表1**（巻末）のように、戦後の開拓集落を除く65集落が平成2年までに廃村化している。その内、明治時代には標高130 m以上の高所に孤立して分散立地する隔絶集落において、戸数規模（明治23年、以下同じ）が1〜5戸の極小集落で明治33年の義務教育の授業料無償化に伴う官憲の就学に対する監督強化によって、積雪期における低学年児童の長距離通学の障害を理由にして廃村化した。それらの離村戸は、上層部では小学校を設置する本郷集落への近距離移動が多かったが、中層部では丹後地域内の平地部の地方中心町への中距離移動が多く、さらに下層部では北海道や大阪などへの遠距離移動をしている。

大正時代には、明治40年に義務教育年限が6年制に延長されて通学負担が増加したことにより、以前と同様に高所にあって孤立していた隔絶地の極小集落の6集落に加えて、標高80 mの低所に位置して戸数規模が10戸の微小集落であるが大きな積雪障害の中での長距離通学を余儀なくされてきた1集落と、戸数規模が16戸の中集落であるが標高490 mの高所に位置して通学障害が厳しい1集落を合わせて、8集落が廃村化した。それらの離村戸の移動先については、北海道への遠距離離村はなくなるが、全体的にはそれまでの傾向を踏襲している。

その後、第二次世界大戦終了後の昭和23年までの間は、部分廃村化の空白期となっている。その間には、昭和2年に北丹後地震によって母屋の倒壊や道路・畦畔の欠損などを生じたが、小学校を設置する近隣の大規模な本郷集落でも大きな被害を蒙り、また平地部の機業町でも壊滅的状態となったので、中〜近距離離村ができなくて、部分廃村化するものがなかった。また、昭和5〜

8年には繭価の暴落を契機にして農業恐慌が進行し、山地では離村資金の欠乏によって部分廃村化が止まっている。さらに、その後の戦時体制下では大都市域での食料不足や国家動員法による企業整備を受けて機業地の景気が閉塞した上に、過酷な徴兵招集によって集落内の労働力が不足して離村が抑制され、また終戦直後においても全国的な社会的混乱の中で部分廃村が生じなかった。

　昭和24〜29年には、昭和22年に発足した新制中学校への長距離通学の問題によって、標高250m以上の高所に位置して、戸数5戸以下の極小集落の3集落が廃村化した。また、昭和25〜26年の朝鮮戦争による特需景気を足掛かりとする機業復興の先端地となった岩滝に近接して標高160〜270mの断層崖に立地する戸数10〜13戸の小集落の4集落が、新たな地域格差問題の発生により情報前線帯型の部分廃村化をした。

　その後の昭和30〜37年には、神武景気・岩戸景気の到来に伴う山地産業の潰滅的な衰退と高校進学熱の急激な高まりによって、標高90〜500mの山麓帯から山頂帯に及ぶ山地の全域において、戸数2〜56戸の大小の18集落で一斉的な部分廃村化が進行した。これには、昭和26年頃からの全国的な食糧事情の改善に伴う焼畑農業の潰滅と、昭和30年頃からの石油コンロの普及や昭和35年頃からのプロパンガスの普及による家庭用の黒炭や雑薪生産の斜陽化、及び丹後機業の撚糸工場で使用されてきたカシやマツの規格薪の生産が重油ボイラーへの転換による撤退に加えて、戦後に稼働を始めたパルプ材の伐採業者による枝木の製炭作業に雇用されてきた木炭焼き子稼業が昭和34年頃に終焉を迎えて、山地生活者の現金収入源が激減したことや、機業景気の盛況を反映して昭和34年頃から地方町の市街地にスーパーマーケット型の中規模店舗の出店が相次ぎ、薪炭の行商直販に便乗して出荷してき

た農産物の小売業が行き詰まって、畑地での小商品栽培農業が終息するという短期間での生業の崩壊が作用している。

それと共に、大都市では高度経済成期に突入する昭和30年頃から中小企業でも労働力を高校卒業生に依存するようになり、とくに労働条件の厳しい職種では山間僻地の中学校卒業生を採用するようになったので、丹後地方でも昭和30年頃からは男子の中学校卒業生が大阪市内や京都市内の電気工事会社・鉄工所・機械工場などに就職するようになり、学歴社会化の実情が伝播し、昭和37年には高校進学問題が大きく浮上し、高校への自宅通学の限界地集落で部分廃村化が進行した。

こうして、通説的には丹後地方の廃村は三八豪雪により生じたとされるが、その平成2年までの部分廃村65集落（戦後の開拓集落1を除く）の内の40集落（61.5％）は昭和37年までに突入している。

昭和38〜39年には、標高180〜500mの中腹帯から山頂帯の高所に立地する、戸数1〜35戸の中小規模の7集落（部分廃村全数の10.6％）が三八豪雪を受けて部分廃村化した。しかし、その内の1集落は標高500mにあって久しく戸数1戸で孤立していた特異な極小集落であり、豪雪によって近隣地区の集団離村に同調して全面廃村化したものである。また、他の2集落はその前年の昭和37年に大火に遭遇していた上に、昭和36年からの西陣出機の丹後進出による近接平地部との間の地域格差問題の発生が重なって部分廃村化したものであった。また、他の1集落も昭和33〜35年に近隣集落の部分廃村化によって孤立していた上に、昭和37年からの近接平地農村における機業発展の影響を受けたものであった。加えて、その他の3集落も昭和37年に高校進学問題による離村が始まっていて部分廃村化の前兆が既に現れてい

たので、三八豪雪はそれらの廃村化の流れを後押ししたに過ぎなかったとみなされるものであった。

　昭和40〜46年には、標高50〜370mの山麓帯から山頂帯の全域において15集落が部分廃村化した。この大量の廃村化は、三八豪雪の後遺症によるものは少なくて、より直接的には昭和39年の牛肉輸入枠の拡大政策への動きによって犢価格が低落したことにより、山地集落の生業の最後の砦となっていた育牛の息の根が止められたことによったものであった。その結果、稲作を営んで牛の飼料や敷き藁を確保してきた戸数規模12〜44戸の山地集落のほぼ全てが壊滅し、それによって平成2年までに生じた部分廃村の93.4％を占めるに至った。

　その上で、昭和48年には標高90〜170mの宇川谷底にあった戸数7〜14戸の小規模な2集落が、動力電線の未架設によって機業兼業化が出来ず、丹後海沿岸や竹野川流域盆地での賃機導入による地域活性化の影響で生じた地域格差の拡大によって進行した情報前線帯型をなして部分廃村化をした。

　さらに、平成2年には標高350mの山頂帯にありながらも、複合的な地辷り性凹地に立地していて、戸数規模が73戸の大集落であった1集落（上世屋）が部分廃村化している。この集落には、昭和15年に海軍監視所の設置に伴って海岸から自動車道が開通し、昭和29年の宮津市への編入によって丹後海陸交通の路線バスも通じていた上に、動力電線も架設されていたので昭和45年には西陣機業の賃機を導入していたが、昭和48年のオイルショック以降の日本経済の景気後退、とくに昭和49年の生糸一元輸入制度の施行による安価な海外縮緬織物の流入による丹後機業の劇的な退潮を迎えての賃機兼業からの撤退と、昭和58年における「世屋小学校世屋上分校」の休校が重なって、平成2年に

部分廃村化した。しかし、ここでは交通条件が比較的に良いので一部の高齢者が残留し、また空き家が多いために隣接の廃村地の圃場整備跡地で無農薬米の栽培を行う宮津市郊外の酢醸造会社の農業従事者や宮津市の「地域おこし協力隊員」などの転入が8戸あって、景観的には完全荒廃を免れていて準廃化の状態になっている。

このようにして、丹後半島東部山地における廃村化現象は明治以来の長期間にわたって進行してきたものであり、とくに戦後においては昭和38年の三八豪雪の前に、平地部での機業の発展に伴う焼畑・製炭・小商品作物の行商型直販・カンラン栽培などの主要産業の急激な衰滅によって惹起され、さらに高校進学問題と昭和39年の国家の産業政策の転換による犢生産の斜陽化が決定的な条件となって進行したものといえる。それ故に、北丹後地震などの災害を直接の契機とする廃村は少なく、三八豪雪の場合においても部分廃村化したのは男子労働力の冬季出稼ぎが盛んであった集落などに限られていて、集落の社会構造や産業構造の特性によって廃村化の形態に差異がみられた。また、そうした山地産業の衰退においても、集落の立地環境・生業形態・社会組織・土地所有構造などの特性に応じて様々な形態がみられた。

その上で、昭和49年の生糸一元輸入制度の導入による丹後機業の衰退に伴って、中距離域の平地部で挙家離村の受容力が低下し、廃村化が終息すると共に、残存した集落においても転入戸もなく老人集落化して準廃村化の状態を呈することになった。

そこで、廃村化の時期や形態と集落的諸特性との関係を明らかにするために、この山頂帯において相互に隣接して大集落をなしていて、昭和37年以降の廃村の一斉的な発生時期にほぼ同時的に消滅した木子と駒倉を取り上げて、それらの集落構造の変遷過

程と戸数の欠落形態との相互関係を綿密に分析して、廃村化の要
因を摘出することにした。

4章　木子と駒倉の立地環境と土地利用
　　形態

4-1　自然環境と集落形態

　両集落は、地塁性の卓状山地の中央脊梁部をなす世屋山塊の東南縁を限る分水界付近に位置し、北西流して丹後海にそそぐ宇川の源流部に立地していたが、宇川の中流部が急峻なV字谷で通行が困難なために、外部地域への主要な交通路はその河谷には従わずに、木子では峠を越えて東流して宮津湾に注ぐ世屋谷に求め、駒倉では同様に南流して阿蘇海に注ぐ五十河谷(いかが)に求めてきた。

　木子の地籍領域は、**図2**のように、宇川源流の標高480〜500mの大きな複合性の地辷り性凹地部とそれを取り巻く標高550〜660mの山嶺部からなり、その盆地状の地辷り性凹地部には小谷が八手状に浅く刻んだ段丘面が展開し、第三紀の頁岩・砂岩層が露出していて、その地層の境界面から湧出する谷水を利用して水田や畑地が開かれてきた。また、山嶺部には大部分の範囲で玄武岩と溶結凝灰岩からなる火山岩地が拡がり、それに第三紀層の礫岩地が連接していて、その火山岩地で焼畑が営まれ、礫岩地で薪炭生産が行われてきた。

　居宅は、凹地底の縁辺部に拡がる頁岩・砂岩層と礫岩層の接触線上に立地し、タテ井戸・ヨコ井戸を掘って飲料水を取水してきた。その宅地の配置形態は、湧水線に沿って立地するので、明治

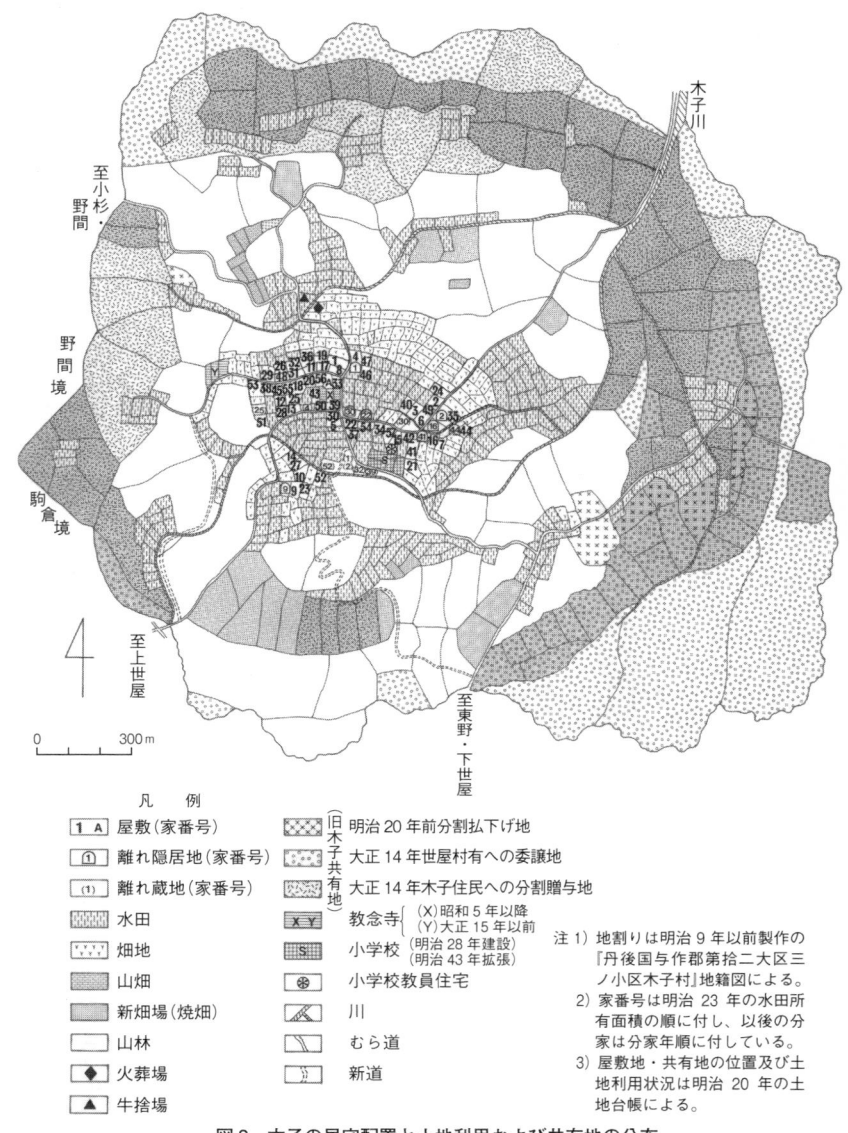

凡　例

1 A	屋敷（家番号）
1	離れ隠居地（家番号）
(1)	離れ蔵地（家番号）
	水田
	畑地
	山畑
	新畑場（焼畑）
	山林
◆	火葬場
▲	牛捨場

	明治20年前分割払下げ地
	大正14年世屋村有への委譲地（旧木子共有地）
	大正14年木子住民への分割贈与地
X Y	教念寺（X）昭和5年以降（Y）大正15年以前
S	小学校（明治28年建設）（明治43年拡張）
◉	小学校教員住宅
	川
	むら道
	新道

注 1) 地割りは明治9年以前製作の
　　『丹後国与作郡第拾二大区三
　　ノ小区木子村』地籍図による。
2) 家番号は明治23年の水田所
　　有面積の順に付し、以後の分
　　家は分家年順に付している。
3) 屋敷地・共有地の位置及び土
　　地利用状況は明治20年の土
　　地台帳による。

図2　木子の居宅配置と土地利用および共有地の分布

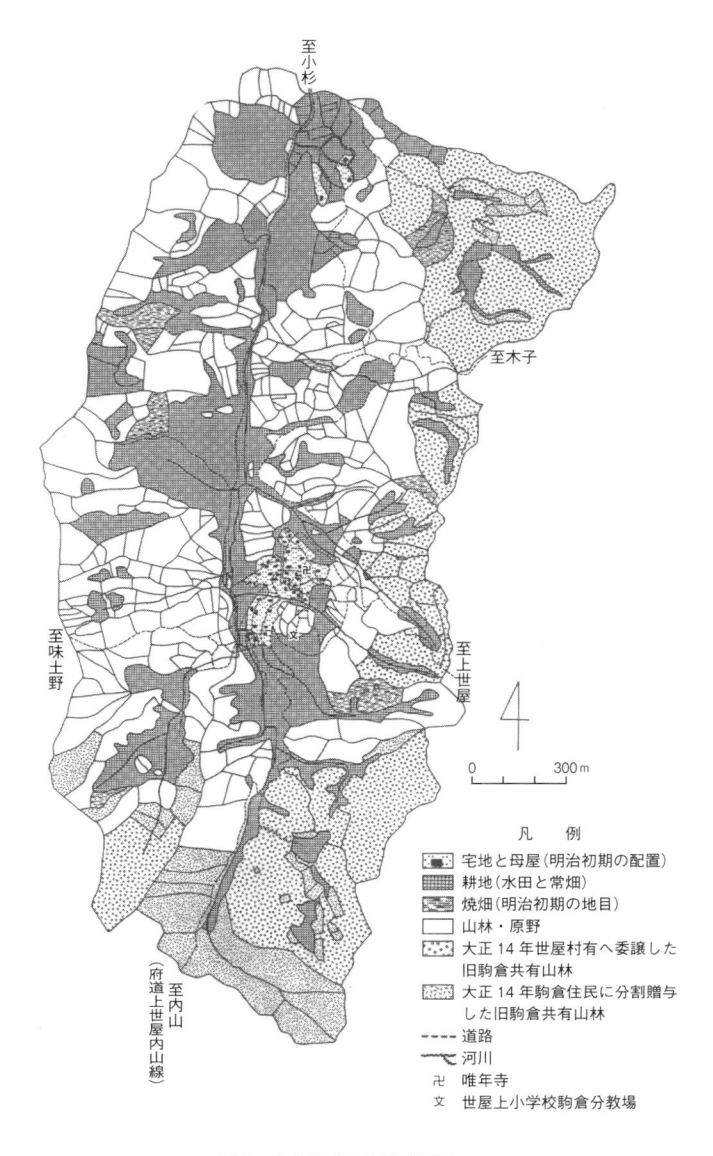

凡　例

[宅地] 宅地と母屋（明治初期の配置）
[耕地] 耕地（水田と常畑）
[焼畑] 焼畑（明治初期の地目）
[山林] 山林・原野
[旧共有] 大正14年世屋村有へ委譲した
　　　　 旧駒倉共有山林
[分割贈与] 大正14年駒倉住民に分割贈与
　　　　　 した旧駒倉共有山林
----- 道路
～～ 河川
卍 唯年寺
文 世屋上小学校駒倉分教場

図3　駒倉地籍の土地利用図

23年には56戸が6カ所の小地域に分離してまとまる疎塊村の形状を呈していた。また、耕地は、凹地面が緩やかに傾斜して広く展開するので、各戸の所有地が居宅に近接して集中し、農道の建設・維持が容易であった上に、風水害に対しても比較的に安全であった。しかし、不規則形状の小地筆地が多い上に、灌漑用水が湧水・天水・融雪水に限定されていた上に、高冷地に特有の冷水障害を受けて生産性が低かった。

　一方、駒倉の地籍領域は、**図3**のように、世屋山塊の南端部から北流して宇川に注ぐ「駒倉谷」の両斜面を占め、本郷の宅地がその谷頂部の東斜面に懸谷状をなす標高400〜440mの狭小な地辷り性凹地に立地し、端郷の「タキワキ(滝脇)」の宅地が約2km下流の標高300〜320mの谷底部に立地していた。

　「駒倉谷」の大部分は、第三紀の火砕岩質の礫岩・砂岩(駒倉礫岩)が露出する急傾斜の谷壁をなし、その斜面地に棚田や傾斜畑が点在してきた。それ故に、その棚田は透水性の強い地質のために灌漑用水が不足し、冬季の積雪に依存する通年湛水田となっていて生産力が低く、傾斜畑もまた保水力が乏しくて常に干害の被害を受けてきた。さらに、地盤が軟弱で急傾斜地のために樹木を皆伐する焼畑も制限された上に、鉄砲水や地滑りによる畦畔や耕地の崩壊が生じやすくて、これまでにしばしば大水害をこうむり、その都度多数の困窮者を出して、上層部や中核層からの離村を引き起こしてきた。

　本郷の宅地は、砂礫岩と頁岩の接触地にあり、その地層の境界面に掘られたタテ井戸・ヨコ井戸と崖下から湧出する山水によって生活用水を得てきた。そして、その宅地は尾根に近くて雪崩の危険性が少なく、また近くに集落適地が無いために、狭隘地なが

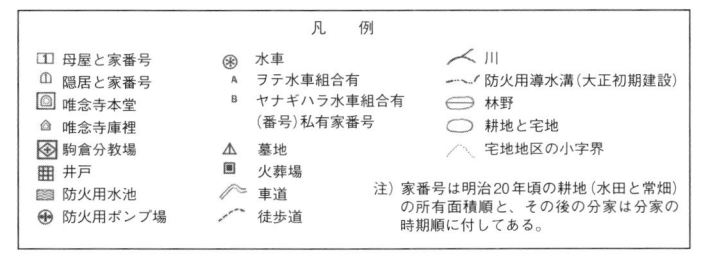

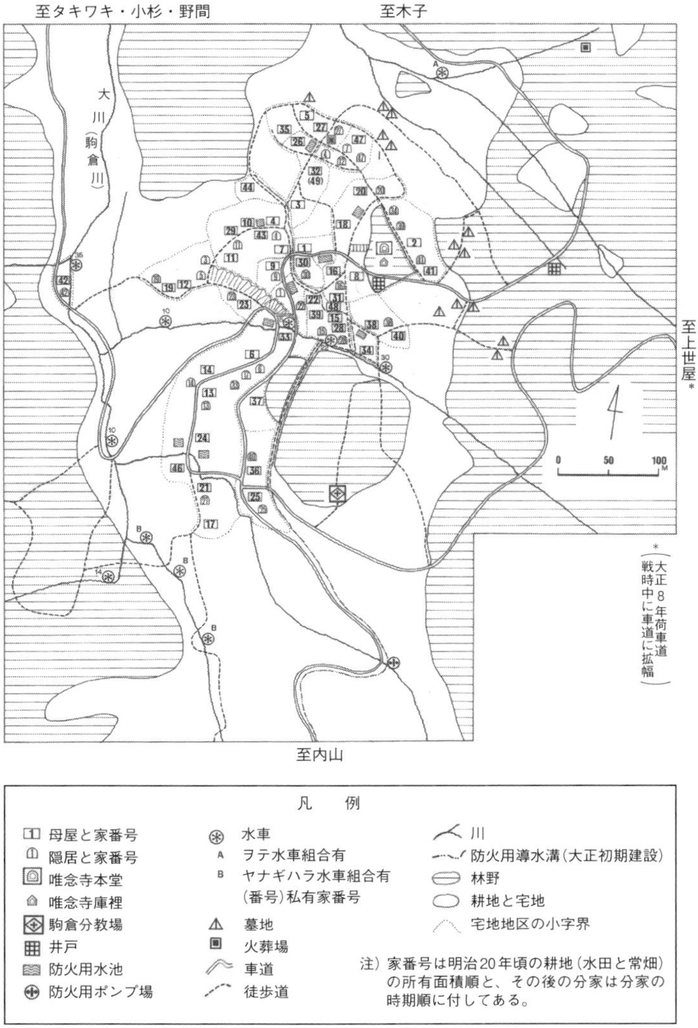

図 4　駒倉の居宅配置と諸施設の位置

らも明治23年には42戸が集居していたが、家屋が比高20mの急な懸谷斜面に垂直的に密集し、しかも平坦地が狭いために、**図4**のように、各戸の母屋・隠居・蔵が分離して飛び地的に交錯し合う混雑的凝集村型の配置形態をなしていた。

さらに、端郷の「タキワキ」は谷底に近い第三紀の頁岩・砂礫岩と玄武岩の接触地に位置し、居宅がその堆積岩と玄武岩の境界部にあって、頁岩・砂礫岩地に水田・畑地が開かれ、玄武岩地に焼畑が拡がっていた。しかし、湧水や水田適地が少ないために、明治23年には僅かに4戸が疎塊状に点在するに止まり、本郷との連絡路も峡谷底が険阻であるために谷壁東斜面の中腹に狭い徒歩道が通じていたに過ぎなかった。

4-2 集落起源に関する伝承と明治以前における開発の歴史

両集落の起源は明瞭でないが、鎌倉初期のものとされる『丹後国在庁官人等解』には「野間」と「世屋」が惣名「永久保」として国衙領となっており、さらに室町時代の『丹後国諸庄郷保田数帳』には「永久保13町7反156歩片岡与五郎」とあって、国衙領から幕府走衆の支配地として独立していたことが示されている。また、室町末期の伊勢外宮御師の旦那場手控帳である『丹後国御檀家帳』の与謝郡分に「大せや ひおきの近所、片岡七郎左衛門殿こうおや」とあって、上世屋城・下世屋城・松尾城等の存在とも合わせて、中世末には世屋・野間一帯の世屋山塊の主要部の開発はほぼ完了していたものとみなされている。

その中で、木子・駒倉の集落名が最初に現れるのは、江戸時代初期の宮津藩主京極高知が実施した慶長7(1602)年の検地帳『京極丹後守拝領郷村帳』であり、それには上世屋村の枝村の形で

「上世屋村之内駒倉村・木後(木子)村・東野村・松尾村・下世屋村」
と注記されている。その後、永井尚政の入部による村の細分化政
策によって、延宝3(1675)年の『永井信濃守領知郷村帳』では、木
子村54石6斗8升・駒倉村50石2斗3升5合・上世屋村157石3
斗2升0合・下世屋村77石6斗7升3合・松尾村72石1斗5升3
合・東野村16石4斗4合と高付けされて、それ以後には村名が消
えることはなかった。

　土地の生産力(年貢規模)を示す村高は、3割延高となった天和
1(1681)年の『阿部対馬守知行村々高帳』では、木子61石2斗7升
8合、駒倉64石2升6合となっていて、両者の石高が逆転してい
るが、享保10(1725)年の『丹後国郷村帳』では新田改出を加えて
木子村71石8斗0升(内、新田10石5斗2升8合)、駒倉村68石7
斗1升3合(内、新田4石6斗8升7合)となり、以来明治2年の『丹
後国村々版籍取調帳』に至るまで変更がなかった。このようして
村高の変遷からみれば、両集落では江戸時代中期までに新田開発
が相当に進められており、とくに木子では多くの隠し田があって
その開田の差が両集落の戸数規模の差になったものと思われる。

　戸数規模は、明治2年の『版籍取調帳』では木子49戸(内、百
姓43戸、水呑6戸)、駒倉39戸(内、百姓36戸、水呑3戸)となっ
ていて、木子がより大集落であったが、水呑の比率では木子の方
が駒倉に比べて高く、また階層分化の大きい集落であったといえ
る。ただし、その年齢構成では65歳以上の高齢者人口比率が共
に15％と低く、生産年齢人口(男子17～64歳、女子13～64歳)が
60％程度となっていて両集落間に差がなく、自給自足的な経済
構造をもつ集落としての共通性がみられた。

　こうした開発の記録とは別に、両集落には平家残党の矢野弾左
衛門が隠棲したとする落人伝説があり、明治時代以降にもそれぞ

れに弾左衛門を名主とする系統とその従者の系統の氏姓集団が
あって、身分的な隷属関係をもつ本分家的・同族的な互助組織と
しての親方子方制が形成されていたが、その一方で土着系の氏姓
集団も相応の勢力を保っていて、必ずしも落人に起源をもつ隠田
集落とは即断できない。

　また、近世初期には天然の木材資源を求めて、この山間地に木
地師が来住した形跡があり、僻遠の痩せた礫岩地に木地屋由来の
伝承をもつ微小集落が分散して立地しているので、赤松陽二郎
(1987)のように、両集落の起源をこうした木地師による開発に求
めるものがある。しかし、両集落については、その地形的・地質
的な立地環境や集落規模、並びに近世期には確立していたとみら
れる水田経営を中心とする生業形態、及び焼畑・薪炭生産に重点
を置く林野の利用形態等からみて、第一義的には早期から農業集
落として成立していたものと思われる。

5章　行政区域の変遷と地域問題の発生

5-1　行政区域の編成

　木子と駒倉は、地形区的には丹後海に注ぐ宇川の源流部にありながら、行政区的には古代から一貫して丹後半島の若狭湾斜面を主領域とする与謝郡に包摂されてきた。ただ、その細部の行政区分では幾度となく所属関係が変遷し、その度に辺境集落として位置づけられて不遇を託（かこ）つことになった。

　近世には、元和8(1622)年に宮津藩領となり、天和1(1681)年にはその宇川中流の「野間地区」が竹野川流域の溝谷組大庄屋管轄に編入されたが、この木子と駒倉は若狭湾斜面の波見（はみ）宇川（うかわ）組に属し、正徳4(1714)年以降は概ね岩滝組大庄屋の管轄下に置かれた。

　明治4(1871)年の廃藩置県後に宮津県、さらに同年に豊岡県となり、その「大区小区制」の下で「野間地区」が第12大区第2小区(15カ村)に、木子・駒倉が同第3小区(16カ村)に分属された。明治9年に京都府に移管されて「大区小区制」が「郡区制」に変更されて以降も、各々が同じ郡域内において前者は与謝郡第8区、後者は第7区となった。さらに、明治11年の「郡区町村編成法」による「組戸長制」の下では、木子・駒倉を含む与謝郡第7区は、同第8区の「野間地区」と世屋川河口部北岸の「奥波見」・「中波見」・「里波見」・「長江」を合わせて与謝郡第4組となるが、広域

に過ぎて纏まりが薄く、同年に以前の第12大区第3小区の16カ村に戻されて与謝郡第7組となった。

　その後、明治13(1880)年の「区町村会法」によって、郡役所の監督下で直接に政務をとる「単独・連合戸長役場制」が敷かれると、木子・駒倉は宇川源流部という地形区単位で「野間地区」と一つの連合戸長役場区域を編成することになり、若狭湾斜面の上世屋・下世屋・東野・松尾・畑・成相寺・日置・中波見・里波見の9カ村からなる連合戸長役場区域から分離した。しかし、その内の畑と里波見が同年にそれぞれ単独で離れ、さらに野間街道沿いの下世屋・松尾・東野の3カ村も連合して同じく分離した結果、残された木子・駒倉と野間地区は戸長役場を単独では保持することができなくなり、隣接の上世屋と飛び地の成相寺・日置・中波見と合体して連合戸長役場区域を編成した。ただ、この連合戸長役場区域も行政区としての纏まりに難点が多く、明治17(1884)年に京都府の一斉的な戸長役場区域の再編成によって、木子・駒倉の2カ村と野間地区の野中・須川の2カ村は、世屋川・畑川流域の上世屋・下世屋・東野・松尾・畑の5カ村、及び世屋川河口部の日置と合体して、日置に役場を置く合計10カ村の連合戸長役場区域に包含された。

　こうして、明治初期の所属行政区域は、制度上の混乱もあって試行錯誤的に煩雑な変遷を遂げたが、明治22(1889)年の「町村制施行」では、新町村が従前の単なる行政区とは異なって国家から統治機能を付与された政治領域となったので、地域的な纏まりが重視され、さらにその標準規模が凡そ300戸と規定されたことによって、それまでの10カ村からなる「日置連合戸長役場区域」が3分割されることになり、その中の平地村の日置が他の山地村との間に強い異質性がみられた上に、戸数規模でも明治21年

に217戸に達していたので単独で1村を編成し、また野間地区の2カ村が世屋谷から遠く離れていて、古くから竹野川流域の中郡や竹野郡方面との交渉圏をもってきていたので、隣接する大石畑（明治末に廃村）と成谷（昭和44年に廃村）を合わせて戸数303戸の「野間村」を編成した。

その結果、木子と駒倉は流域の異なる上世屋・下世屋・東野・松尾・畑の5カ村に合流して、戸数規模302戸の世屋村を構成することになった。その際の旧村（大字）の戸数規模は上世屋68・下世屋51・東野6・松尾39・畑37・木子55・駒倉46で、上世屋が最大であったが、役場は世屋川の最下流に位置し、しかもこの地域で最大の資産家が居住する下世屋に置かれることになった。この世屋村への合流によって、木子と駒倉は南で中郡「五十河村」と接し、北西で与謝郡「野間村」と接することになったが、その野間村が昭和23（1948）年に竹野川流域を郡域に収める竹野郡に属することになったので、与謝・中・竹野三郡の郡界集落となった。

5-2　世屋村の成立による地域格差問題の発生

明治行政村は、旧村（藩制村）が自生的で伝統的な生産活動に基盤を置く環境適応型のモザイク的な一次的生活空間であったのに対して、行政的・制度的な社会文化活動によって地域格差の均等化を目指す二次的生活空間となるが、それが政治的領域であるだけに地域エゴイズムが表面化して、インフラ・行政サービス面において中核的な大集落を中心とする同心円的な地域格差問題を派生し、周辺集落では疎外感や不公平感を増幅させ、地域崩壊に向かう危惧を常に内在させてきた。

「世屋村」の場合には、旧村を「区」としたが、世屋村設置の直

後から税額査定問題を中心にして7区の間で感情的な対立が表面化し、政治力の衝突によって助役や村会議長の交代が相次ぎ、明治23年から村三役と村会議長職を各区から輪番で選出することにした。しかし、村長職は当初には名誉職とみられていたが、とくに大正15(1926)年の郡役所廃止の頃から専門職的な実務能力が問われることになり、木子からは最上位の親方株1戸が明治45(1912)年から昭和9(1934)年まで4期にわたって就任している。しかし、最奥地集落の駒倉からは昭和29(1954)年の宮津市制への移行に至るまで村長には1度も選任されることがなく、また、助役にも明治24〜25年と同37年に2度選出されただけであった上に、前者では税額査定問題で、後者では小学校設置問題で共に任期途中で辞任した。さらに、旧村の共有財産は世屋村設置の当初には区有地として温存されていたが、大正12(1923)年の郡制廃止を目前にして行政町村の資産強化を目的とする「公有林野統一事業」の施行によって、大正11年に区有地の一部を1戸平均4畝22歩でもって個人に分割し、残余を世屋村に移管したが、しかし、その場合にも区から世屋村に放出した面積は、村政の主流派の外に置かれてきた駒倉では22町1畝歩に及んだのに対して、その前後に村長職を担ってきた木子では僅かに10町7反5畝歩に止まり、しかも木子ではその個人分割地の多くを記名共有地として強引に区に残すという狡猾な手立てを講じている。

　そうした経緯もあって、昭和29(1954)年に世屋村が宮津町と合併した際には、木子では世屋谷の各区と共に伝統的に「日置浜」を出港地とする海上交通によって交易・就業・通婚面等で結び付いてきた三次的生活空間の中心地である宮津への一体化には異論がなかったが、駒倉では世屋村内で政治的に疎外されてきた上に、その三次的生活空間の中心地を岩滝に置いてきたことによって、

宮津との合併では実質的な生活交流圏と形式的な政治領域が齟齬
する問題を生じる事態となった。

　こうして、多様性をもって自立的に形成されてきた伝統的な集
落が、明治時代以降には画一化を進める中央集権的な行政の展開
と、均一化を志向する広域経済の発展によって、とくにその内の
弱小集落では急速に辺境集落化して窮地に追い込まれることに
なったといえる。

6章　宗教的・習俗的な特性

6-1　兄弟村的な共通性

　落人伝説と並んで、矢野弾左衛門の子の五郎・十郎兄弟が京都に出て僧となり、親鸞聖人から教念・唯念の法名を授与されて元久2(1205)年に帰村し、教念が木子に、唯念が駒倉に住むことになって、両集落はそれまでの日置の臨済宗禅海寺所属の禅宗から宮津の西本願寺派仏生寺所属の浄土真宗に改宗したと伝承されており、それぞれに道場として阿弥陀堂を建立し、明治13(1880)年に寺格を与えられて、開基僧の名をとり教念寺(木子)、唯念寺(駒倉)の寺称を許されている。その間の承久3(1221)年に疫病が流行して、神仏の霊験論争が起き、ご神体と六字名号を宇川に浮かべたところ、ご神体が下流に流れ去ったので、以後には両集落では鎮守社をもたなくなり、神社行事がなくなったとされている。

　こうした真宗門徒の集落は、旧世屋村と旧野間村においては木子・駒倉と木子の教念寺を旦那寺とする微小集落の東野の3集落のみで、これらの集落では毎月、寺において「十六日講」を行い、とくに秋には盛大な「報恩講」を開く他、1月16日と秋の彼岸には当番が「京参り」と称して西本願寺に参詣する習わしになっていた。その内の東野には産土神が保持されているが、木子と駒倉には神社がなく、共に真摯な阿弥陀信仰による濃密な仏教行事を通して強い信仰集団的な一体性を担う一種の「宗教島」をなし、

「兄弟村」的な関係性を保持してきた。

　また、その埋葬形態は宗旨の関係で共に早くから火葬を行い、それぞれに集落共同の火葬場をもっていて、個人所有の墓地が点在してきたが、大正10（1921）年以降には集落間でその墓地の管理形態に変化が生じている。

　木子では、明治初期の「土地台帳」に登記されている墓地は17カ所あり、その内の3カ所は10基前後が集合する同族的な墓地で、6カ所は2〜3基が並ぶ親族的な墓地であり、その他は畑地や原野の一角に1〜2基が点在する家族墓であった。それらはいずれも個人の所有地であったが、養蚕景気に潤った大正10年に集落の環境整備と人心結集のために共同墓地が作られ、そこに全ての個人所有墓が集められて、その管理をムラ仕事としてきた。その結果、墓地の保全が離村抑制作用として働き、昭和34（1959）年の大火後においても墓の移転問題が絡んで遠距離離村をするものが生じなかった。

　一方、駒倉では、明治初期の「土地台帳」に登記されている墓地は3カ所と少ないが、実際には集落の東斜面の畑地の14カ所に墓地が分散して存在し、その中には12〜13基が集合する同族的な墓地もあったが、多くは2〜3基からなる親族的な墓地であった。ただ、駒倉においては用地不足と資金不足が足枷となって墓地の整理は集落全体の課題にならず、火葬場の管理を除いては埋葬地に対する共同体の規制は生じなかった。それ故に、墓地の保全は各戸の問題に委ねられ、また火葬墓のためにその改葬も容易であったので、離村の際に適宜に移転されていて、全面廃村化した時点では歴代の寺住職の墓と無縁佛の墓が残るのみとなっていた。

　それらとは対照的に、野間地区と世屋村内の他の集落の宗旨は

殆どが禅宗で、寺の行事としては旧暦10月5日に「達磨講」を開く程度で、埋葬の形式も土葬であり、家の仏壇も比較的に簡素であったが、集落内にはいずれも産土神社があって、4月18日には盛大な例祭を挙行し、毎月1回「氏神講」・「秋葉講」等を実施している。

6-2　寺の維持管理の形態

　教念寺と唯念寺は浄土真宗本願寺派の兄弟寺とされるが、その運営維持については、それぞれの集落が固有の資産として自前で独自に取り仕切ってきた。

　木子では、明治20（1887）年頃の教念寺の土地資産は宅地5畝20歩・田2反5畝15歩・畑7畝15歩となっていて、山林がなかったが、住職の飯米田が少しあった。しかし、大正15（1926）年の大火で建物が類焼して、昭和4年に場所を移して再建した時に、土地の交換分合によって宅地面積が2反6歩に拡張された反面で、田の面積が若干減り、山林5畝20歩が加わっている。その際に、建物の再建費に大金が必要となり、その一部を共有林野の売却によって捻出しているが、各戸の負担は高額となったので、最下層の2戸がその負担難を理由にして挙家離村をした。さらに、戦後には農地改革によって寺名義の田畑が皆無となったために、それによる寺経費の負担が階層分化の大きい歪な社会構成の中で重大な問題となっている。そうした状況の中で、昭和34年の再度の大火と昭和38年の三八豪雪の後に連続的な離村が生じて、寺の集落外への移転問題が浮上したが、残留戸の頑強な抵抗と住職の不屈の責任感によって存続方針が貫かれることなり、檀家の間で寺の管理姿勢に大きな亀裂を露呈することになった。その後、昭

和61年に残留戸が2戸に減じ、老住職の死亡によって後継者の長男が生活の利便と生計費の確保のために離村を求めたことによって、檀家の多くが残留2戸の頑強な反対を押し切ってこれを了承し、寺の建物を退職金相当とみなして宮津市の真性寺に売却し、上宮津の「小田」に住職の堂舎兼用居宅を新築した。

　駒倉では、明治20(1887)年頃の唯念寺の土地資産は宅地6畝5歩・田1畝1歩・畑9畝7歩で、住職の飯米田も山林もなく、寺の経費の全てを檀家の出費で賄ってきた。そして、戦後の農地改革では寺名義の田畑の地籍が狭小であった上に、寺を集落の精神的統合の支柱とみなしてその尊厳を保つ形で一切解放の対象としなかったので、寺経費の負担には大きな変化が生じなかった。その上に、建物も火災には一度も遭わず、昭和26年に離村戸の隠居屋1棟を購入して住職の居宅用に充当したことと、昭和33年に本堂の茅葺屋根をトタン屋根に葺き替えた以外には纏まった出費をしてこなかった。しかも、昭和35年に住職の寡婦が死亡してからは無住寺となったので、寺の維持経費は全体的に軽度に抑えられてきた。

　こうして、木子では社会階層の頂点をなす親方株の主導による共同墓地の建設や寺の再建・維持などを通して積極的にムラづくりが進められ、強力な村落共同体的な規制が敷かれたことによって、挙家離村が足枷を受け、秘密的・逃避的に進行すると共に、突発的な事故を契機にしてステップ型の塊状の戸数減少過程を辿ることになった。そして、その最終局面においては、離村戸と残留戸との間に深い対立が露呈して、個別分散型離村を遂げることになった。

　一方、駒倉では墓地管理や寺の維持管理についての共同体的な規制が希薄であり、その他の面においても個人生活に対する厳格

な村落社会的束縛が少なかったために、挙家離村は開放的・肯定的に進行して、スロープ型の戸数減少過程を辿った。その上で最終的局面においても、離村戸と残留戸との間に利害的な反目が少なく、全戸の協議による集団離村を遂げることになった。

　これにより、両集落は互いに隣接する大集落で、集落の起源に関する蓋然的な共通性をもちながらも、立地環境や生業構造の差異によって誘発された社会形態の相違によって、異なる廃村化の形態を生じたとみなされる。

7章　自然災害と火災歴

7-1　自然災害の比較

　木子では、宅地が複合性の地辷り性凹地にあり、耕地も浅い小谷が八手状に下刻する段丘面に位置していて、風水害が比較的に軽微であったので、明治23年～昭和20年の欠落戸は11戸（明治23年の戸数55戸の20.0％）に止まっていた。しかも、それらは家族構成の悪化による脱落型離村5戸・貧窮による失踪型離村3戸・大火災の類焼による脱出型離村2戸・台風災害による離脱型離村1戸となっていて、家族構成の悪化と困窮が主たる理由となっていた。

　戦後においても、昭和25年のジェーン台風の直接的な影響による離村はなく、昭和28～29年に親方株による抑圧的な村落社会からの離反型離村5戸が現れたが、自然災害型の離村はみられなかった。ただ、昭和34年には17戸が焼失する大火があって、その内の9戸が離村をしているが、昭和38年の豪雪災害時には出稼ぎが厳しく規制されていたことによって、家屋損壊や孤立障害が比較的に軽微であったこともあり、その年の欠落戸は高校生の通学問題を理由とする1戸に止まっている。

　こうして、木子での戸数減少は自然災害による事故型離村によるものは少なく、多くは人口過剰による下層部からの脱落型離村によって生じたものとなっていた。

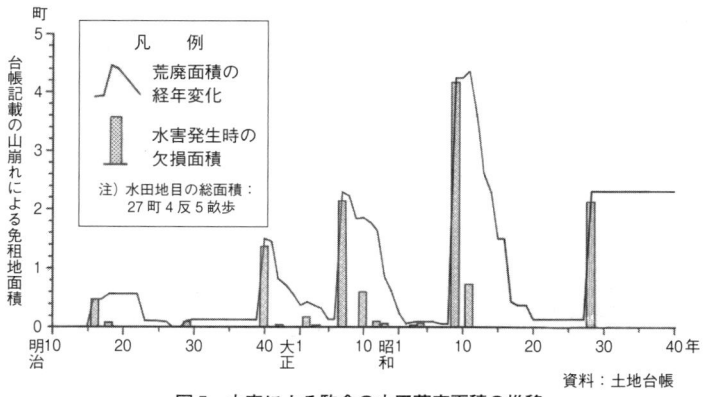

図5　水害による駒倉の水田荒廃面積の推移

　一方、駒倉では耕地が軟弱地盤の急傾斜地にあるために、風水
害や震災等によって免租措置を受けたのは、**図5**のように、明治
16(1883)・17・29・40・42年、大正2・3・7・10・12・14年、昭和3・
4・9・11・28年の16回に及び、中でも水害被災による免租地籍が
明治16年には6反歩(明治23年の田地面積27町8反8畝歩の2.2％)、
明治40年には1町4反歩(同5.4％)、大正7年には2町2反歩(同
7.9％)、昭和9年(室戸台風)には4町1反歩(同15％)、昭和10年
には6反歩(同2.2％)、昭和28年(台風13号)には2町歩(同7.2％)
あって、大きな被害が連続してきた。さらに、大正13年には大
旱魃、昭和2年には北丹後地震があって、本郷の集居部では明治
23年〜昭和20年に13戸(明治23年の戸数46戸の28％)が欠落した。
しかも、それらの欠落の内訳は災害による破産8戸・災害忌避1
戸・家族構成悪化による脱落3戸・転勤1戸となっていて、自然
災害によって大量の戸数減少が生じている。また、端郷の「タキ
ワキ」でも、明治時代に小学校の通学問題で本郷に近距離移動を
した2戸を除くと、大正10年に2戸が災害被災型の離村をして
全面廃村となっている。

　加えて、戦後にはジェーン台風の影響を受けて本郷では昭和29年に1戸が離村し、昭和38〜39年には三八豪雪の被害を受けて10戸が脱出型離村している。

7-2　火災歴の比較

　木子では、源流地ゆえに消火用水が乏しい上に、重量物の瓦の搬入が困難なために茅葺家屋が建ち並んでいて、大火災発生の悪条件を抱えていたが、居宅が微地形を境にして小集団に分かれて立地しているので、火災の多くは小地域の単位で発生してきた。その火災歴は、文久2(1862)年・元治1(1864)・明治3(1870)年に小火災が続けて発生し、大正7(1918)年には小字「アゲシ」で同じ氏姓集団の6戸(建物10棟)が全焼したが、その際には親方子方制の相互扶助機能によって全戸が再建された。また、大正15年には小字「ソラジ」・「カミ」・「奥ノ前」・「三軒屋」・「ダイド」・「中之前」の28戸と教念寺が焼失する大火があり、その場合にも全戸が再建されているが、昭和4年に寺を小字「ソラジ」の最高所に移転して再建した際に、その経費4万円の分担問題で昭和5年に最下層の貧窮世帯2戸が離村している。

　その後、昭和34年に小字「ソラジ」・「カミ」で17戸が焼失しており、この2小字区では僅か33年間で二度の大火災に遭遇することになった。しかも、その被災戸の経済的な階層は昭和31年度の「地方税所得戸数割賦課標準表」で最上層1戸・中層9戸・下層7戸となっていて、中下層部に集中していたので、その多くが再建費の捻出に難渋し、その内の「ソラジ」の最上層1戸・中層4戸・下層1戸の6戸が前年に加入していた火災保険の補償金で母屋を再建したのと、「ソラジ」の別の中層2戸が類焼を免れ

た空き家と隠居を購入して残留した以外には、中層3戸・下層6戸の9戸が久しく続いた上層支配の抑圧的な村落社会から逃れるようにして即刻離村をしている。従って、この火災による大量離村は単なる突発的事故による放擲型離村というよりも、度重なる火災によって体力を消耗していた中下層部からの脱落型離村とみられ、その特有の社会構造に深く根差した社会病理的現象と捉えられる性格を強くもっていた。

　こうして、木子では自然災害による被害が比較的に軽微であった一方で、火災という人為的災害によって大きな損害を受け続けてきたのは、それらの火災が結束力の強い相互扶助的な親方子方制の下で集住する小地域集団の単位で分散的に発生したために、防火体制の整備を集落全体の中心的な課題とするに至らなかったことによるものとみなされる。その上に、昭和34年の大火によって生じた大量の離村は、戦後の日本の産業構造の変化に伴う丹後地方での離村受容力の拡大と共に、社会民主化の風潮に連動した集落内部の社会組織の劇的な変化、わけても親方株の威光の減退による集落的な結束力の弛緩によって、下層部が滞留できなくなっていたことが根幹的な誘発要因となったものとみなされる。

　一方、駒倉では母屋・隠居・蔵が分離錯綜して凝集し、それらが谷側に高い石垣の隔壁を築いて垂直方向に杓子状をなして立地していたために、火災による集落全損の危険性が極めて高くて、嘉永7(1854)年には39戸の中の26戸と寺が焼失している。そのために、防火組織を即座に立ち上げて火の用心の徹底を図ると共に、明治42年には消防ポンプを購入し、大正中期にも防火用の導水溝と防火用水地を7カ所建設した上に、宮津市への合併後にも市の補助金で揚水ポンプ場を整備してきた。それによって、嘉永の大火から104年を経た昭和33年に宮津市長より100カ年間

無火災の表彰を受け、遂に昭和48年の全面廃村まで一度も出火をみていない。

　従って、駒倉では大火災に対する極度の危険性が、住民にとっては大きな防火負担を課して集落忌避の一つの要因となった反面、それが集落結束の要件ともなって相互扶助的な隣人関係を醸成し、結果的に火災を直接的な契機とする被災欠落を回避することになったものとみなされる。

8章　両集落の交通的位置と道路の整備状況

8-1　交通的位置

　木子と駒倉は、丹後海に注ぐ宇川の源流部に位置すると共に、宮津湾に注ぐ世屋川の流域とも高度差の少ない峠で接している上に、中郡盆地を貫流する竹野川の源流部とも勾配の緩やかな峠で繋がっていて、それらの流域との間を結ぶ交通の通過地となってきた。その内、木子では古くから世屋川河口の日置浜より宇川上流の野間地区に至る「野間街道」が通過し、やや開放的であったが、駒倉では宇川の最上流部が険阻な谷となるために「野間地区」への通路が通過困難で、世屋谷と竹野川流域を結ぶ小経路が通じるのみとなっていて、閉塞感が強かった。

8-2　道路の整備状況

　木子を通過する「野間街道」は、世屋村の役場所在地の下世屋から比高260ｍの急坂を登って世屋谷中腹の松尾に入り、隣接の東野を経て標高540ｍの「木子峠」を越え、木子の集落内を通って標高570ｍの「小杉峠」から小杉に下り、野間地区に至る険しい山道である。そのために、物資の輸送にはもっぱら牡牛の背に依存せざるを得ず、実際には野間地区からの通行は少なくて、木

子がほぼ終点という状態になっていた。それにもかかわらず、この道路は大正初期に木子の強力な政治力でもって郡道に指定され、大正13(1924)年〜昭和10(1935)年に荷車道に改修されたことによって牛車を牽引する牝牛の飼育が可能となり、木子では犢取りが養蚕衰退後の重要な現金収入源となった。その後、昭和15年に上世屋に舞鶴軍港を守備するための海軍監視所が設置され、海岸から上世屋まで自動車道が敷設された上に、昭和18年にはこれを延伸する形で上世屋と木子の間の山道が府道となり、自動車道に改修されたので「野間街道」では木子からの利用も全く途絶え、東野と松尾だけが使う局地的な通路となった。

こうして、木子では戦時体制下において特異な形で自動車道が整備されたことによって、戦後の廃村化の進行が抑制されることになったとみられる。その後、準廃村化段階となった昭和44年に京都府が広域幹線林道として「丹後縦貫林道」の建設に着手し、昭和55年に完成したが、それは木子の廃村化対策としては時期を失していた上に、そのルートが上世屋を経由して木子から外れたために、直ちには生活利便や観光開発に資することにはならず、JターンやUターンも現れずに全面廃村化への形勢を制止することにはならなかった。

一方、駒倉においてはその三次的生活空間の拠点である岩滝への通路となってきた「五十河道(いかがみち)」は、駒倉の南約1.2kmに位置する宇川源頭の標高560mの「内山峠(うちやまとうげ)」に至るには比較的に緩やかな登攀路となるが、内山峠と五十河との区間が高度差200mの急坂となっていて、大正13(1924)年頃に宮津から旧野間村への行政・郵便連絡路として荷車道に改修されるまでは、単なる担夫・駄獣路に過ぎなかった。その道路改修によって、駒倉では自家用の共同水力発電設備の建設が可能となったが、あまりに急坂で整

備が不十分であったために通常的には荷車の利用は困難であって、「野間地区」でもこれを生活・産業用に使うことはなかった。さらに、五十河・岩滝間にも標高150mの峠があったので、駒倉から岩滝までの全行程が2カ所の峠を越えて約12kmに及ぶもので、交通的な隔絶性が著しかった。その上に、内山峠の直下に立地した内山が明治34（1901）年頃から尋常小学校の通学問題を理由にして本郷の五十河への転居者が現れ、さらに昭和2年の北丹後地震を契機にして集団離村をみて、昭和7年には1戸が残留するのみの準廃村となったので、駒倉の交通位置的な孤立感が一層高まっていた。

　この「五十河道」は、昭和7年に府道に指定されるが、ジープが通過できたのは昭和26年であり、通常の自動車で通行できるようになるのは、駒倉の戸数が2戸のみの準廃村となっていた昭和45年に営林署が林道名目で整備をしてからのことである。

　それらの幹線道路に対して、駒倉から世屋村内の隣接集落に向かう生活道路は標高550mの「駒倉峠」を越えて上世屋に通じる屈曲の多い約3kmの村道（上世屋駒倉線）で、その荷車道への改修作業は昭和8（1933）〜21年の長期間にわたって自力によって進められてきたので、駒倉の物資輸送はもっぱら牡牛の背に頼ってきており、犢を取る牝牛の飼育が一般化するのは戦後のことになった。さらに、この経路が自動車道になるのは「五十河道」と同じく昭和45年に営林署が旧道の南に並走して廃村跡地の造林を目的にして林道を建設して以降のことになるので、戦後においても駒倉の中学生は冬季の寄宿期間を除くと、上世屋分校までこの徒歩道による通学を余儀なくされていた。

　この通路以外には、隣接集落の木子との間に標高550mの峠を越える約4kmの山道があるが、相互に兄弟村との伝承をもちな

がらも集落間の交流が希薄であったために、利用者は殆どなかった。

　さらに、集落内の農道については、木子では耕地が居宅地周辺に集まっているために、その管理に特に大きな負担はなかったが、駒倉では耕地が礫岩質の急傾斜地に多く、しかも居宅地から遠く離れて分散していたために、その長大な農作業用の道路が未整備となっていて、農業の近代化に支障をきたしてきた。そこで、昭和25〜30年に林道名目による長期償還制度を利用して2本の農道の拡幅工事を行ったが、その費用は各戸が耕地までの距離と農地面積で算定した額を負担することになったので、それを忌避して昭和28〜30年に世帯合併型離村1戸と転業型離村1戸が生じている。

9章　学校の設置と学区の変遷

　世屋川流域での小学校の設置は、明治5(1872)年の「人口約600人に対して1小学校を設置せしめん」とする「学制」の発布によって、翌年に「日置校」が開設されたのが最初で、その後の就学の義務化に伴い、明治9年に日置校までの通学が困難な木子・駒倉・上世屋・東野の4カ村が上世屋に組合立上世屋校を設置して、木子と駒倉に冬期の分教場を置いた。

　これに対して、下世屋では明治12年に松尾・畑を校区に収める「日置校下世屋分教場」を開き、明治13年に「改正教育令」によって義務教育年限が3カ年となったのを機にして独立校とした。また、木子では明治15年に冬期の分教場を通年設置の分校とし、「上世屋校木子分校」としている。

　その後、明治19年の「学校令」の公布によって尋常小学校が4年制となり、明治22年の村制発足によって4年制の世屋村立上世屋尋常小学校と同下世屋尋常小学校が開設されることになったが、明治25年に村議会で学校新設問題が噴出して、畑川流域に位置して通学困難な畑に分教場を設置すると共に、小学校名を世屋村立世屋上尋常小学校と同世屋下尋常小学校に改称した。その上で、明治26年に上世屋・下世屋に次ぐ人口規模をもつ木子に、木子のみを通学区とする世屋村立木子尋常小学校を設置している。

　一方、駒倉では明治33年の授業料無償化に伴う就学の徹底強化によって、明治36年に単独校の設置を議会に要請するが、戸

数規模では木子の53戸に比べて44戸と大差がなかったにもかか
わらず、2度に及んで僅差で否決され、複々式学級の通年分教場
の設置に留まった。ただ、集落内ではそれによっても分教場の校
舎建設費の負担難を理由にして1戸が大阪へ破産型離村をし、そ
れを補充する形で端郷のタキワキから本郷へ1戸が転居をしてき
た。さらに、明治40年の「小学校令」の改正で義務教育年限が6
年に延長されると共に、尋常小学校と高等小学校の併設が奨励さ
れて、明治41年に世屋下尋常小学校が8年制の尋常高等小学校
になったことにより、畑では分教場教育に対する不満が高まり、
明治42年に隣接の日置尋常高等小学校への委託通学を始めた。

　そして、駒倉でも明治45年に端郷のタキワキの1戸が子ども
の通学問題のために本郷近くの大川沿いの谷底に隠居を建て、大
正3年にそこへ母屋を移築して転居したので、タキワキでは2戸
が残るのみとなっている。しかも、その2戸も大正10年には1
戸が結婚転出をして廃絶し、最後の1戸となった若者夫婦世帯が
子どもの学齢期に直面して教育環境の良い大宮町に離村して、全
面廃村となった。

　また、「野間街道」に沿う東野では、尋常高等小学校への通学
希望が強くなり、大正7年に世屋上校区から離脱して世屋下校区
に移った結果、世屋上尋常小学校は上世屋の児童のみが通学する
狭域校となり、それまで学校の運営面で多くの負担を担ってきた
上世屋から激烈な不興を蒙り、集落間の交流が絶えることになっ
た。

　その後、昭和7年に世屋上尋常小学校にも高等科が設置された
が、駒倉では遂に全面廃村に至るまで分教場教育に忍従すること
になり、辺境集落としての悲哀を味わい続けた。

　戦後には、昭和22年に新制中学校制度の発足により下世屋に

「世屋村立世屋中学校」が設置され、上世屋に上世屋・木子・駒倉の３集落を校区とする「世屋中学校上教室」が開かれた。それらは昭和24年に「組合立宮津中学校」の「世屋分校」と「世屋上分教場」となったが、「世屋上分教場」の木子と駒倉の生徒は冬季には上世屋の学校係の家に下宿をすることを余儀なくされることになった。

　昭和29年に世屋村が宮津市に編入されて、翌年に「宮津市立日置中学校」が設置されたために、下世屋の「組合立宮津中学校世屋分校」が日置中学校に統合され、上世屋の「世屋上分教場」のみが「日置中学校世屋上分校」として残ったが、それによって宮津市では昭和40年に木子と駒倉の冬季間の下宿負担を軽減するために、上世屋の空き家を購入して冬季宿舎として提供し、保護者が交代で給食作りをする寄宿体制を敷いている。しかし、上世屋に姻戚が多い木子では下宿を継続するものが多く、姻戚関係の少ない駒倉の負担が過大になった。

　日置中学校も平成26年に閉校となり、世屋地区の生徒は岩滝にある与謝野町宮津市組合立橋立中学校にスクールバスで通学している。

　こうして、政治行政領域として編成された二次的生活空間の内部においては、自治の名目のもとに進められた教育文化の画一化が住民に多大な負担を課し、しかもその負担と恩恵が集落間で不公平となり、とくに縁辺集落や小規模集落に不利益を強いることになって、不利が不利を増幅していく疎外構造を作り出していった。それによって、木子と駒倉の間では本来的にみられた交通的位置・自然環境・社会経済構造等における相対的な相違が、集落存亡の絶対的な阻害条件の差となり、両者の廃村化過程に異質性を生むことになったものとみられる。

10章　会社電灯の導入時期の差異と
　　　電化事業の問題点

10-1　丹後地方での電化過程

　丹後地方における電気事業は、明治44(1911)年の「宮津電灯株式会社」と「丹後電気株式会社」の操業に始まるが、電灯の人気に加えて、大正1年には宮津の精米業者や岩滝の縮緬(撚糸)業者が電力を使用するようになって一気に供給不足となり、電灯会社の合併や買電によって需要量を確保することになった。しかし、市街地の周辺地域への供給が遅れ、大正7年に岩滝と加悦との中間に位置する「石川村(現、与謝野町)」が縮緬産業用の電力を確保するために村営の水力発電所を建設し、さらに、大正8年に丹後半島先端部の筒川村(現、伊根町)で筒川製糸工場が自家用の水力発電所を建設している。

　そうした電気事業の展開過程において、明治45年に「宮津電灯株式会社」と「丹後電気株式会社」が船井郡八木町(現、南丹市)に本社を置く「丹波電気株式会社」と合併して「両丹電気株式会社」を設立し、大正6に河守上村(現、福知山市)で「内宮」・「千丈ヶ原」の両水力発電所の建設に着手した。さらに、大正9年には「両丹電気株式会社」が「豊岡電気株式会社」と合併して「三丹電気株式会社」となり、宇川中流の小脇に「小脇水力発電所」(出力600 kW)を建設すると共に、大正10年には宮津発電所を出

力 1,000 kW の本格的な火力発電所にした。それによって、大正
9 年には若狭湾沿岸部の旧宮津村一帯に電灯線が入り、また大正
10 年には宇川の水利権をもつ旧野間村でも電化事業が始まって
いる。次いで、大正 11(1922)年には「三丹電気株式会社」が関東
系資本の「帝国電灯株式会社」に吸収され、それに伴って世屋村
でも日置経由で電灯線の架設が始まり、大正 12 年に上世屋にま
で達した。また、畑では電灯用には「帝国電灯株式会社」の電気
を使ったが、伝統産業の和紙の製造用として大正 11 年に「畑共
同自家用電灯組合」を結成して出力 2.87 kW の水力発電所を建設
している。

10-2　木子における会社電灯の導入過程

こうした宮津湾岸域での電化事業の進展に対応して、木子では
宇川源流に位置していてその水利権をもつことにより、世屋村内
ではいち早く大正 10 年に旧野間村における電気導入事業に便乗
して、宇川中流の「小杉」経由で、大正初期に郡道の指定を受け
て荷車道への改修を進めていた「野間街道」沿いに電灯線を敷設
した。その架設に当たっては、木子が電灯会社に電柱用の杉丸
太・根架用の松丸太・工事用の人夫を提供し、その後の補修・管
理についても各戸の安全器の操作以外の用務を負担することにし
ている。そのために、木子では「電灯係り」を置き電灯代の徴収
やヒューズの入れ替え作業を行うと共に、冬季には積雪による断
線の修復のために配線用遮断器のある小杉まで電源の切替えに行
くことになった。

しかし、このようにして導入した電気は電灯用のみに限定され
ていて、廃村化に至るまで電力線が通じなかったために、製

縄機・筵編機・籾乾燥機などの用途には使用できず、僅かに単相モーターによる簡易的な脱穀や少量の籾摺り・精米をするだけに留まり、本格的な精米・製粉は水車に依存せざるを得なかった。その上に、とくに戦後においては織機を導入することができずに、新規の産業部門への参入の機会を得られないまま生業的な行き詰まりを迎えることになった。

10-3　駒倉での電化事業の経緯

　駒倉では、木子と同じく宇川の水利権をもちながらも、小杉からの谷道が河床を飛石伝いに辿る野獣道同然の細道で電線を敷設することができず、さらに上世屋からの村道も屈曲の著しい狭い山道であったためにこの方面からも電線を引くことができなかったので、やむなく大正13年に荷車道に改修された「五十河道」を使って建設資材を搬入し、集落の約500m下流の大川（駒倉川）に自家用の水力発電所を設置した。しかし、この場合には送電距離は比較的に短いものの、発電装置の建設に費用が掛かり、しかも出水の度に設備の損傷が激しく、その上に毎晩寝泊まりの当番が必要となるなど、その維持・管理に多大の費用と労力を要した。そのために、建設直後の大正13年には水害の被災も重なって2戸が脱落型離村をし、昭和11年にも2戸が機業町近辺の農村部に離村をしている。

　戦後になって、昭和21年に上世屋との間の村道がようやく荷車道になったので、その道路沿いに電柱を建てて舞鶴海軍工廠から放出された裸電線を張り、「関西配電株式会社」の電気を導入することになった。その総額41,720円の電線の架設費は「村民税賦課等差級表」に基づいて1戸当たり1,700円から0円までの9

等級に区分して徴収したので、費用の負担難を直接の動機とする離村は生じずに、昭和 22 〜 29 年の欠落戸は一人世帯の世帯合併離村 3 戸と、特異な家族構成による積極的な転業型離村 1 戸に止まっている。

　しかし、この会社電気の供給による電化も電灯線のみの架設であったので、農機具等の動力には利用できず、籾摺り・精米・製粉等は従前と同じく水車の利用に頼ることになったが、その水車の場所が木子とは異なって高度差の大きい大川の谷底であったので、使用者の多くは水車組合を作って共同利用をしたので、自家発電の管理業務からは解放されたが、水車利用の共同管理組織が残ることになった。

11章　通婚圏の変遷

　通婚関係の態様については、採集した資料の制約によって木子では文政8(1825)年〜大正6(1917)年の93年間の分析による結果となり、駒倉では明治23(1890)年〜昭和40(1965)年の76年間のものとなっている。その間に木子では入婚数140(女110・男30)の内、集落内婚が97(女75・男22)(約70％)で、駒倉では入婚数154(女126・男28)の内、集落内婚が123(女100・男23)(約80％)となっていて、共に辺境の大集落であるために集落内婚の比率が極めて高かった。

11-1　木子における通婚圏の推移

　集落外との通婚関係は、一般的には文化的・経済的・位置的に条件の良好なところから劣悪なところに向かう事例は極めて少なく、木子でも女子の集落外からの入婚先で最も多いのは「野間街道」の奥地の野間地区であり、その野間地区からの流入が文政8年〜大正6年の93年間に13例(集落外からの入婚35の37.1％)あった。しかし、その野間地区からの流入は明治行政村が成立する明治22(1889)年までの間には継続的にみられたが、それ以降には野間地区の中心地的な「野中分」からの入婚が先ず途絶し、その山間部に位置する「須川分」からの入婚も明治41〜45年に1例の義理婚をみた以外にはなくなっている。その変化は、明治行政村の

成立を機にして野間地区が世屋村から分離して野間村となり、木子が所属する二次的生活空間から離脱すると共に、その三次的生活空間も宮津湾岸地域から竹野川流域に完全に転位し、あたかも地形学でいうところの河川の上流部の遷移によって下流部が涸れ谷となる「截頭河川」の如くになったものである。それと共に、米の配給制度の実施によって「米を食いたければ木子に来い」といった俚言が流布されたかつての飯米産地としての木子の圧倒的な優位性が消滅したことにもよっている。

　この入婚に対して、女子の集落外への出婚は、資料的制約により明治11(1878)年〜大正6(1917)年の39年間に限られるが、野間地区に2例(集落外への女子出婚の10.5％)・世屋村内に7例(同36.8％)・近隣の山地集落に1例(同5.3％)、平地農村に7例(同36.8％)・宮津に2例(同10.5％)の19例となっていて、野間地区への出婚が著しく少なく、木子では野間地区をより辺境の僻地と位置付けてきたことを如実に示すものとなっていた。

　通婚圏には、概念的には相互交流型と一方通行型があり、その後者には入婚一方型と出婚一方型とがあるといえるが、それらの通婚圏の形成機構については、当初には相互交流型をなしていたものが、一度その中核的集落が利己的な入婚一方型に転じると、それまで嫁の供給地であった僻地集落がその中核的集落を飛び越えて遠隔地への出婚圏を形成するようになり、それによって中核的集落の入婚先が忽ち失われることになって、一気に結婚難を生じて集落崩壊を引き起こすという悪循環系に陥る仕組みになるものと推量される。

　しかし、木子の場合には実態的には隣接地に同質的な大集落の上世屋があって、そこからの入婚が継続的にあったために、それが安全弁になっていたと思われた。ただし、その通婚関係につ

いては実際的には木子から上世屋への女子の出婚は大正 2 〜 6 年に 1 例あったのみの一方通行型になっていたので、そこからの入婚も上世屋における人口減少と世屋村外への遠隔出婚圏の形成によって急激に崩壊する問題を内包していたとみなされる。

　一方、木子での集落外への女子の出婚 19 例を地域類型別にみると、近接の山地集落に 7 例・世屋川下流の農村部に 3 例・伊根町内の農村部に 1 例・宮津湾岸の農村部に 1 例・宮津などの地方町や竹野川上流部の平地農村に 7 例となっていて、その内の山地集落や世屋川下流・伊根町内の農村部への出婚は明治 30（1897）年までにほぼ終息し、明治 31 年以降には商業や繊維産業の盛んな宮津などの地方町と竹野川流域の農村に向かうようになり、女中奉公や女工勤務などの職域との関係が強く現れるようになった。

11-2　駒倉における通婚圏の推移

　集落外からの女子の入婚は、安政 1（1854）年〜明治 21（1888）年に 11 例あったが、その入婚先は野間地区 4 例・五十河 2 例・溝谷 1 例・木子 3 例・上世屋 1 例となっていて、宇川中流部と竹野川上流部との繋がりが強かった。しかし、明治 22 〜 44 年には明治行政村の設置によって、入婚先が木子 4 例・上世屋 2 例・東野 1 例・五十河 2 例の 9 例となり、近隣の竹野川上流の五十河を別にすると、木子の場合と同様に野間地区からの入婚がなくなり、代わって世屋村内との結びつきが強くなっている。しかし、大正 1 〜 14 年には小学校が分教場である上に、自家発電の負担があることや度重なる水害による経済的困窮などを反映して、集落外からの入婚は 3 例に激減すると共に、その入婚先も世屋村外の野間地区 1 例・岩滝 1 例・宮津 1 例となり、世屋村内の集落との繋がりが消

減した。さらに、昭和1〜20年には経済恐慌から戦時体制に入って、集落外からの入婚は一層減り、岩滝からオオヤ格である最上層戸への1例のみとなって、集落内婚率が93％にまで高まった。戦後も昭和21〜40年には、集落外からの入婚は岩滝町と宮津旧市内から各1例をみたのみで、集落内婚率が80％となっており、しかも新制中学校の卒業生の多くが就職離村をして家事手伝いとして集落内に留まるものが減少したので、深刻な嫁飢饉を生じている。

　一方、女子の集落外への出婚は、安政1年〜明治21年には上世屋への1例のみで、殆どの女子の通婚関係が集落内婚と集落外からの入婚によって賄われており、集落的には安定していたとみなされる。その後の明治22〜44年には明治行政村の設置によって世屋村内からの入婚が増えるが、集落外への出婚は上世屋への2例と「加悦谷」の農村部への1例のみに止まっていて、あまり増えていない。しかし、大正1年〜昭和20年には集落外からの入婚が4例に激減する一方で、集落外への出婚が17例と急増し、その出婚先も世屋村内への3例と伝統的に入婚が多かった野間地区・五十河への4例以外には、中距離域にある平地農村の伊根町「筒川」に1例・宮津湾岸の「里波見」に1例・竹野川上流部の「溝谷」に1例、及び機業町の「岩滝」に1例・「間人」に1例、地方中心地の「宮津」に2例、さらに京都・兵庫などの遠隔地に3例と分散し、集落の疲弊が進行していたことを示している。それと共に、木子への出婚が全くなくなり、木子との地域間格差が圧倒的に拡大し、交流関係が断絶したことを示している。

　こうして、駒倉では明治21年以前には宇川中流部と竹野川上流部からの部分的な入婚によって補充を受けながらも、自給自足的なモザイク型の一次的生活空間を維持してきたが、明治22年

以降には世屋村の政治領域への統合によってリング型の二次的生活空間に組み込まれると共に、行政村内の集落との間で相互扶助的な補完関係を不完全ながらも形成することになっている。しかし、大正時代には旧態依然の不整備な道路状況、及び分教場教育や自家発電に留まる文化的な後進性、さらには災害の多発による経済的困窮等にみられる僻地性に対する忌避的感情が拡散して、世屋村内の集落との通婚関係が断絶し、二次的生活空間の中で孤立することになった。そして、昭和1〜20年にも世屋村内の集落との間には厳然とした冷却状態が続き、僅かに伝統的に通婚関係を保ってきた集落外の宇川・竹野川流域と三次的生活空間の拠点である岩滝・宮津との繋がりを頼りにしてきたが、戦後においてもその関係に変化が現れず、さらには女子中学校卒業生の就職離村が進んで、集落の内部から嫁飢饉による崩壊をみることになったといえる。

12章　経済的な階層構造の比較

　各戸の経済的な階層序列は、「土地台帳」による田地・常畑・焼畑・山林の所有面積や、「課税台帳」による戸別割課税の納税額によってほぼ知ることができる。しかし、戸別割課税は昭和29年の宮津市への編入以降には公開されなくなり、廃村化が進行する昭和30年代の状況については掌握することができない。また、「土地台帳」による土地の所有面積についても、明治23(1890)年には木子で田地33町8反9畝歩・常畑11町1反8畝歩・焼畑20町5反6畝歩・山林原野50町8畝歩(内、私有林野36町5反8畝歩)、駒倉で田地27町8反8畝歩・常畑15町5畝歩・焼畑3町5反歩、山林原野47町4畝歩(内、私有林野22町7反7畝歩)となっているが、その内の常畑に関しては、木子では1戸平均の所有面積が1反9畝歩に過ぎず、階層的な示準性が不明瞭である。また、駒倉では水田不足を補うために常畑の1戸平均の所有面積は3反3畝歩と高いものの、常畑には水田経営の一翼をなして補助食糧の生産を担う機能が濃厚で、「常畑」と「田地」の所有面積の相関係数が0.497と低くなっているので、これも単独では経済的な階層構造を摘出する指標にはなり難くなっている。

　同様に田地に関しても、この冷涼な多雪気候の山間地では慢性的に不足状態にあり、生業的には絶えず「常畑」と補完的な関係を保って営まれてきたので、経済的な階層構造の把握においてはこれもまた単独で捉えるのではなく、「田地」と「常畑」を合わせ

た「耕地」の所有面積でもって掌握することがより有効であると
思われる。

　また、山林原野に関しては、その経済的な価値は林相や集落か
らの位置によって大きく異なるので、面積のみでは測ることがで
きない問題を孕んでいる上に、その実測面積は一般的に土地台帳
面積の4〜10倍程度とみなされるので、実態の正確な把握には
不適である。その上に、それを相当に補正したとしても、ここで
の1戸当たりの所有面積は製炭用地としては極めて狭小であった。
通常、夫婦労働力でもって積雪期を除く年間稼働型の就労形態で
農業を兼営して出炭するには、クリなどの不良樹種の多い山林で
は1年間に1.5〜2町歩を使用するとされ（坂口1975）、それを20
〜25年間の周期で毎年輪伐するには30〜40町歩が必要となるの
で、この両集落の山林規模ではせいぜい副次的な産業に留まるも
のであった。しかも、「山林原野」と「田地」の各戸の所有面積の
相関係数は木子で0.677、駒倉で0.521と比較的に高くなってい
るので、山林原野の所有面積のみによる階層構造の把握は薪炭業
の展開などを検討する場合を除くと、とくには取り上げなくても
よいと思われる。

12-1　木子の耕地所有面積にみる階層構造の変遷
（1）明治23年〜大正4年：厳然とした分断型の階層構造
　明治23年における56戸の「耕地（田地と常畑の合計）所有面積」
でみる階層構造は、2.6〜1.1町歩の最上層が6戸（10.7％）、1.0
町歩〜9反歩の上層が6戸（10.7％）、8〜7反歩の中層が13戸
（23.2％）、6〜5反歩の下層が8戸（14.3％）、5反歩未満の最下層
が23戸（41.1％）で、5層構造に分化していた。その内の9反歩
以上の上層部の12戸は、「林野所有面積」で1.3町歩以上の上層

20戸の内にも入っていて、「耕地所有面積」での9反歩未満の下層部44戸との間に画然とした経済的階層の分断構造がみられた。さらに、資料**表2**(巻末)のように、その「耕地所有面積」での9反歩以上の上層部12戸の内の7戸が世屋村の区長・村長・助役・収入役・議員を独占し、社会的階層の分断構造にも繋がっていた。その結果、下層部を構成する44戸の内から大正4年までに6戸が廃絶・離村をしていて、戸数が50戸になった。

(2) 大正5〜14年：階層の分断構造の持続

養蚕業の発展を反映して経済が安定し、大正7(1918)年に小字「アゲシ」で6戸が全焼する大火があったものの、共同墓地の造成や会社電灯の導入事業を精力的に進めて、離村戸はアゲシの火元で悪性感冒の流行によって家族構成が悪化した中層の1戸に止まり、戸数が49戸となった。その49戸の「耕地所有面積」での階層構造は、養蚕景気と離村戸からの耕地の集積によって1.1町歩以上の最上層が11戸(22.4%)と倍増し、5反歩以下の最下層が6戸(12.2%)に著減して、全体的に4層構造に圧縮された。しかし、「耕地所有面積」で9反歩以上の上層部17戸と8反歩以下の下層部32戸との間には、**図7a**(p.88参照)のように、経済的階層の分断構造が以前よりも鮮明になり、世屋村の区長・村長・助役・収入役・議員にはその9反歩以上の上層部17戸の内の7戸が従来通りに独占して就任し、社会的階層の分断構造を堅持していた。

(3) 昭和1〜19年：経済的・社会的な階層の分断型構造の継続

大正15年に28戸と教念寺を焼失する大火があったが、当時は養蚕景気の最中にあったので全戸が再建されている。しかし、昭和恐慌〜戦時体制期に突入すると共に寺の再建費の負担難による最下層から離村2戸と死亡廃絶2戸が生じ、さらに昭和9年の室戸台風による下層の事故型離村1戸があって、戸数が44戸となっ

た。

　こうした下層部からの脱落型欠落に加えて、この間には中層～下層部に偏った徴兵による家族構成悪化の影響を受け、「耕地所有面積」での階層構造は最上層14戸（31.8％）・上層4戸（9.1％）・中層10戸（22.7％）・下層12戸（27.3％）・最下層4戸（9.1％）となって、最上層の比率が高くなり、それ以外の層の構成比率が圧縮されながら分散化する変形的な3～4層構造となった。それと共に、区長・村長・助役・収入役・議員には最上層の8戸と中層の2戸が就任したが、その中層の2戸の内の1戸は前年の区長代理が翌年に区長に就くことになった選任方式の突然の変更によって特例的に区長になったものであり、他の1戸も所属する氏姓集団で本家筋の家格を担っていたために、氏姓集団間の勢力の均衡を図るという政治的な判断によって選任されたものであった。それ故に、世屋村の役職は従来通りに「林野所有面積」においても1.3町歩以上の最上層戸に限定されていて、それ以下の階層との間には依然として厳然とした経済的・社会的階層の分断構造が保持されていたとみなされる。

（4）昭和20～33年：階層分断型の経済的構造と因習的な社会的構造の持続

　耕地不足を補って下層部を庇護する互助組織として、古くから本家分家関係を基軸とする身分的な隷属関係をもつ家族的・同族的な親方子方制が広く浸潤していて、親方から子方に貸与される小作地は、貨幣による小作料ではなくコーリョク（無償労力提供）によって決済されるいわゆる「隠れ小作地」となっていたために、戦後の農地改革では解放の対象とならず、親方株の経済力が温存されて因習的な権威社会を堅持する基盤となった。

　この間に、食糧事情の改善によって焼畑が衰退し、代わってム

ラ仕事として夏出しカンランの共同経営が始まったが、最上層1
戸・中層1戸・下層1戸・最下層2戸の計5戸が旧態的な親方支配
の社会体制に反撥して離村をし、戸数が39戸になった。その離
村戸の最上層戸は鋭い経営感覚でもって資産を集積してきた新興
の中堅層で、親方株の経済的安定の底支えを図るカンラン栽培の
導入計画に反対して京都に脱出したので、親方株から激烈な反
感を買ってその資産には買い手が付かず、残留戸の「耕地所有面
積」の変容には何ら寄与しなかった。その他の中層〜最下層の離
村4戸は、復員軍人世帯や後継者の戦死による女性戸主世帯など
で、昭和28年の台風13号の被災を口実にして丹後機業地の機屋
に勤務したが、それらに対しては戦争後遺症の脱落型離村戸とし
ての憐憫もあって、それらの耕地には主として最上層の親方株か
ら買い手が付いた。しかし、その面積は僅少であったので、階層
構造には大きな変化を及ぼさず、全体として3〜4層構造を維持
した。

　一方、区長への就任は、昭和21年には社会民主化の思潮の中
で農地委員会の小作代表がなり、昭和22年には新興の中堅層が
なっている他に、宮津市と合併した昭和29年には犢取りに力を
入れていた新興の篤農家がなり、さらに昭和30年には木炭焼き
子稼業の兼業農家がなっているが、それら以外では相変わらず最
上層と上層の親方株7戸が輪番でもって担当し、社会的な階層構
造にも格別に大きな変化はみられなかった。

(5) 昭和34〜35年：大火による下層部の脱落型離村の進行と上層部重厚型の階層構造への展開

　昭和34年の大火で17戸が焼失し、その内の9戸が離村して戸
数が30戸になった。その離村9戸の「耕地所有面積」での階層序
列は、最上層1戸・上層2戸・中層3戸・下層2戸・最下層1戸と

なっていて、主として中層部〜下層部における脱落型欠落となっている。その中の最上層戸は火元で責任をとって離村したが、他の5戸は昭和30頃からの石油コンロの普及と昭和33年頃からの撚糸用燃料の原油への転換、及び昭和35年頃からのプロパンガスの普及等による製炭・木炭焼き子稼業・規格薪生産の衰滅に伴う現金収入源の途絶によって居宅の再建を断念し、他の3戸は後継者の戦死等による女性戸主世帯で、経済的な困窮によって再興を諦めたものである。

　さらに、こうした大量の離村の発生には、昭和35年の夏出しカンランの共同栽培の失敗により、因習的な親方株支配の社会体制に対する不信が噴出して、離村抑制の箍が緩んだという集落内部の社会的事情があった。しかし、それらの離村戸に対しては、最上層の火元の1戸を除くと、火災保険に加入していなかったことと、突発的な類焼被害者としての同情が集まって、それらの土地資産の大半は親類縁者に買い取られたので、残留者の耕地面積が一律的に増えて階層的位置の上昇がみられ、上層部重厚型の3層構造になった。

　そうした経済的な新たな階層構造の中で、区長に就いたのは相変わらず最上層の親方株2戸で、社会構造の側面ではなおも親方株が役職を独占する体制に変化がなく、全国的に普遍化してきた社会民主化の政治思潮との間に大きな乖離がみられて、社会崩壊の予兆を孕む構造を保持することになった。

(6) 昭和36〜37年：上層部主体の団塊的な階層構造への進行と部分廃村化段階への突入

　丹後機業が活況期に入り、昭和36年に「耕地所有面積」での最上層と下層の各1戸が離村し、さらに昭和37年に最上層2戸が離村して、戸数が26戸となった。その昭和36年に離村した最上

層戸は、戦前には中層部に位置し、戦時中に後継者が戦死したが、戦後に老戸主の尽力によって中核層となり、大火の被災直後に他家の母屋を購入し、翌年に母屋を再建していたが、平地部における機業の飛躍的な興隆に誘引されると共に、集落内の親方株支配の因習的なムラ社会に反撥して、新築した家屋を機業景気で活気づく野田川町に急遽移築して機屋を開業したので、親方株の不興を買って資産の処分ができなかった。また、下層戸は昭和6年に家族構成の悪化によって一時離村し、戦時中に帰村した大工兼業戸で、大火では罹災しなかったが火災による大量の離村に同調して離村したもので、その資産については少量であったので集落内で処分できている。

　さらに、昭和37年に離村した2戸は共に親方株で昭和34年の大火では罹災を免れているが、その内の傷痍軍人世帯が子弟の高校進学問題を理由にして機屋勤務と小作を兼業する形で新興機業地の野田川町に脱落型離村をしており、戦傷者としての同情と離村動機に対する共感性からその耕地の一部には買い手が付いたが、その大部分と林野は他の親方株の反感を受けて処分できずに保留されている。また、他の1戸は高齢化によって若狭湾岸の小浜市に住む後継者のもとに世帯合併離村をしたが、その土地資産についてはそれまでの集落運営に対する貢献が評価されて買い取られている。

　こうして、この時期には離村過程における階層的逆転が生じ、また離村動機に画期的な転換がみられて、部分廃村化段階に入ったとみなされるが、なおも部分的には耕地の売却処分がみられ、またそれによって「耕地所有面積」での階層序列に上昇をみるものがあったので、部分廃村化の始期の確定にはやや不明確な側面を残していた。しかし、それらの離村によって残留戸の階層

構造は最上層が18戸（69.2％）、中層が5戸（19.2％）、下層が3戸
（11.5％）となり、最上層に重心を置く偏重的な3層構造に変貌し
て、集落運営に及ぼす「耕地所有面積」での経済的な階層構造の
意義が低下し、また区長職には昭和36年においてはなおも最上
層の親方株が就任したが、昭和37年になると非親方株の新興の
犢取り篤農家がなり、社会的な階層構造にも劇的な変化がみられ
るようになった。

(7) 昭和38～40年：部分廃村化から準廃村化に至る形骸化した社会形態の出現

　木子では、村落共同体の維持のために久しく出稼ぎを厳格に規
制してきたために、三八豪雪による家屋損壊や孤立障害が比較的
に軽微に収まり、昭和38年の離村戸は「耕地所有面積」での中層
の1戸に止まった。しかし、昭和39年には高校進学問題を主た
る理由とする離村願望が一気に拡がり、移住資金の調達のために
有志が「駒倉方式」による営林署への土地売却案を区会に提起す
るが、集落の温存に固執する最上層のオオヤ格①を中心に一部の
有力親方株が承認せず、厳しい対立感情が噴出した。そこで、営
林署が従来の造林経営優先の集落地籍地の一括買収方式から、田
畑を切り離して山林原野のみを個人別に買収する方式に転換した
ことによって、営林署案での土地売却が辛うじて了承され、加
えて昭和39年に牛肉輸入枠の拡大政策への転換による犢価格の
急落もあって、最上層7戸・中層2戸・下層1戸の10戸が離村し
た上に、昭和40年に最上層4戸・中層1戸の5戸が離村して、10
戸が残留するのみの準廃村化の段階に突入した。

　残留戸の中には、部分廃村化の時点で後継者世帯が先行離村を
しているものがあり、また残留戸の大半が高齢化世帯となってい
たので、「耕地所有面積」がもつ階層的な意義はほぼ消滅すると

共に、区長職にも昭和38年からはオオヤ格の親方株1戸とその子方扱いの2戸が輪番で就任することになって、選出形態が完全に形骸化することになった。

12-2　駒倉の耕地所有面積にみる階層構造の変遷

(1) 明治23〜44年：団塊的な階層構造と区長職の全層的な分担

　明治23年における端郷の「タキワキ」を含む46戸の「耕地所有面積」での階層構造は、2.6〜1.1町歩の最上層が9戸(19.6％)、1.1町歩〜9反歩の上層が5戸(10.9％)、8〜7反歩の中層が24戸(52.2％)、6〜5反歩の下層が6戸(14.2％)、5反歩以下の最下層が2戸(4.3％)となっていて、中層に著しく集中する凸型レンズ状の比較的に階層間格差の少ない4層構造をなしていた。しかも、「耕地所有面積」で5反〜1町歩の中層部40戸(87％)と山林・原野・焼畑を合わせた「林地所有面積」で1町歩以下の中下層部39戸(85％)の戸数がよく合致していて、全体的に団塊型の経済的な階層構造を構成していた。

　しかし、明治44年までに水害被災による経済的困窮と家族構成の悪化によって中層3戸と最下層2戸が離村・廃絶し、分家2戸が加わって戸数が43戸となり、階層構造は4層構造を保ちながらも、さらに平準化が進行している。しかも、明治16・29・40年の水害によって、最上層4戸と中層5戸の9戸が資産状況を悪化させ、逆に上層1戸・中層7戸・下層3戸の11戸が階層的位置を上昇させて、**図6・7b**のようにその序列に大きな変化が生じ、社会形態に変容をもたらした。

　この間の社会形態の変容を世屋村役職と区長の選出方式の変遷でみると、資料**表2**(巻末)のように、助役に最上層1戸・中層1戸が就任し、村会議員に最上層1戸・上層1戸・中層3戸が就任

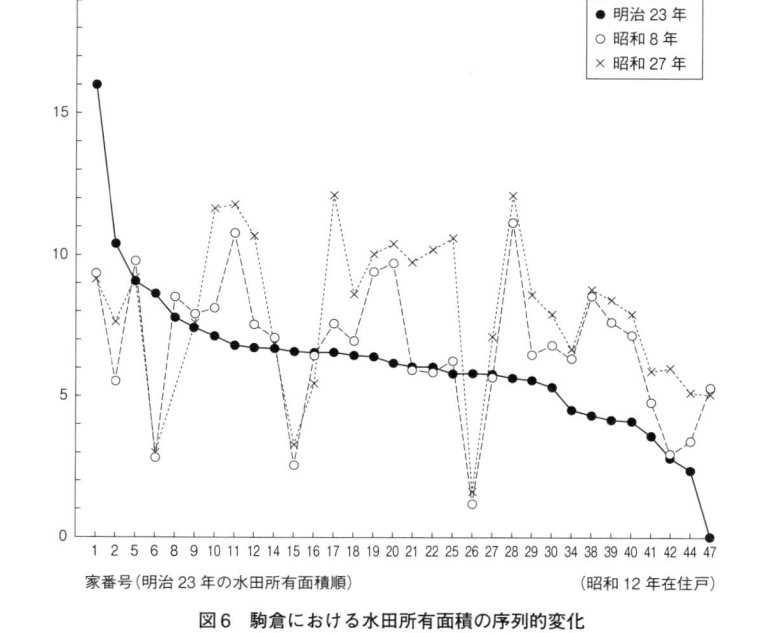

図6　駒倉における水田所有面積の序列的変化

しているが、区長には明治25〜30年に下層1戸・中層2戸、明
治31〜34年に中層2戸、明治35〜40年に最上層1戸・上層1
戸・中層1戸、明治41〜44年に最上層1戸・中層2戸が就いてい
て、その初期には経済的な救済措置として下層が任じられていた。
しかし、明治31年以降には助役や議員経験をもつ中層の中から、
明治35年以降には最上層と区長経験をもつ上層・中層の中から
選出されるようになり、経済的に安定して行政経験をもつ有力戸
に固定されるようになった。

(2) 大正1〜14年：団塊構造の上昇移動と社会階層の分断化の進行

度重なる災害に加えて、桑園不足による養蚕景気の不調と、劣
悪な道路環境や分教場教育・自家発電に対する不満等が重なって、

この間に最上層の環境忌避型の脱出離村１戸と中層３戸・下層１戸の破産型離村があって、戸数が38戸となった。この時期の災害は大規模で被害が全戸に及び、罹災直後には復興資金を集落内で調達できずに、残留意思をもつものは取り敢えず土地を抵当にして集落外から借金をし、その返済が不可能となって離村する段階で所有権を放棄して、それを残留戸が購入または小作する事例が多かった。その結果、最上層の１戸は資産保留型離村をしたので残留戸の資産形成には寄与しなかったが、破産型離村をした中層以下の４戸の耕地については複雑な所有権の異動を生じている。また、離村戸以外の最上層部の中に後継者の遊学離村や世帯分離型離村によって資産を放出したものがあるので、「耕地所有面積」での階層構造は最上層11戸（28.9％）・上層６戸（15.8％）・中層13戸（34.2％）・下層７戸（18.4％）・最下層１戸（2.6％）となって、全体的に上層部にスライドした４層構造となり、上層重厚型の平準化が進行した。

　そうした経済的な階層構造の変遷に伴う社会的な階層構造の態様についてみると、世屋村の収入役に中層１戸が就き、村会議員に最上層３戸と中層１戸が就くと共に、区長には職責の激務化もあって最上層５戸（内、１戸４期、２戸２期、２戸１期）・上層２戸（各１期）・中層１戸（２期と収入役・村会議員各１期を併任）が就任し、いずれもが経済的階層の最上層と上層から選出されており、社会的な階層構造には鮮烈な分断化が生じている。

（3）昭和１〜19年：上位層中心型の経済的な階層構造への移行と社会的な階層構造の分断化の深化

　養蚕景気が終焉し、昭和９年に室戸台風によって田地の15％が免租地となる大水害を受けたが、世界恐慌と戦時体制下における全国的な社会経済の混乱化の進行に加えて、38戸中の17戸

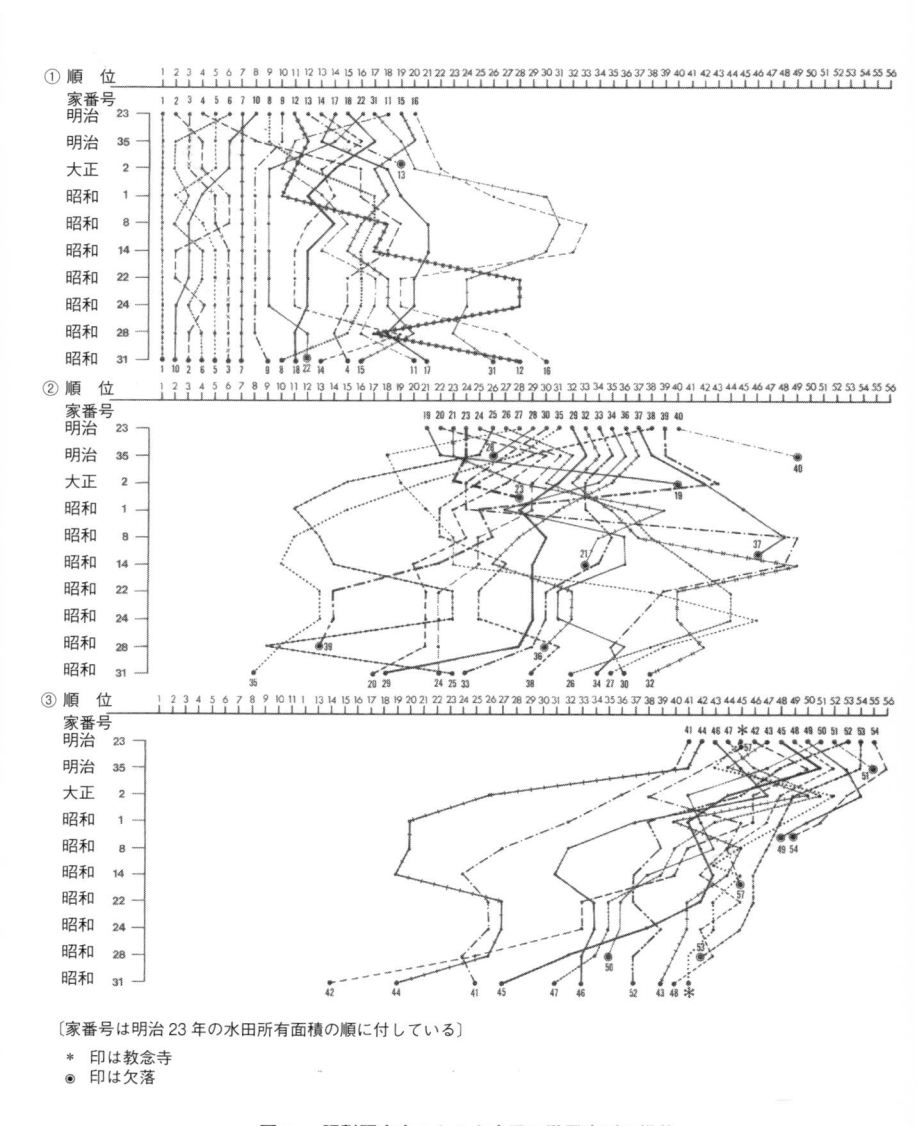

〔家番号は明治 23 年の水田所有面積の順に付している〕

＊　印は教念寺
◉　印は欠落

図7a　課税評定表からみた木子の階層序列の推移

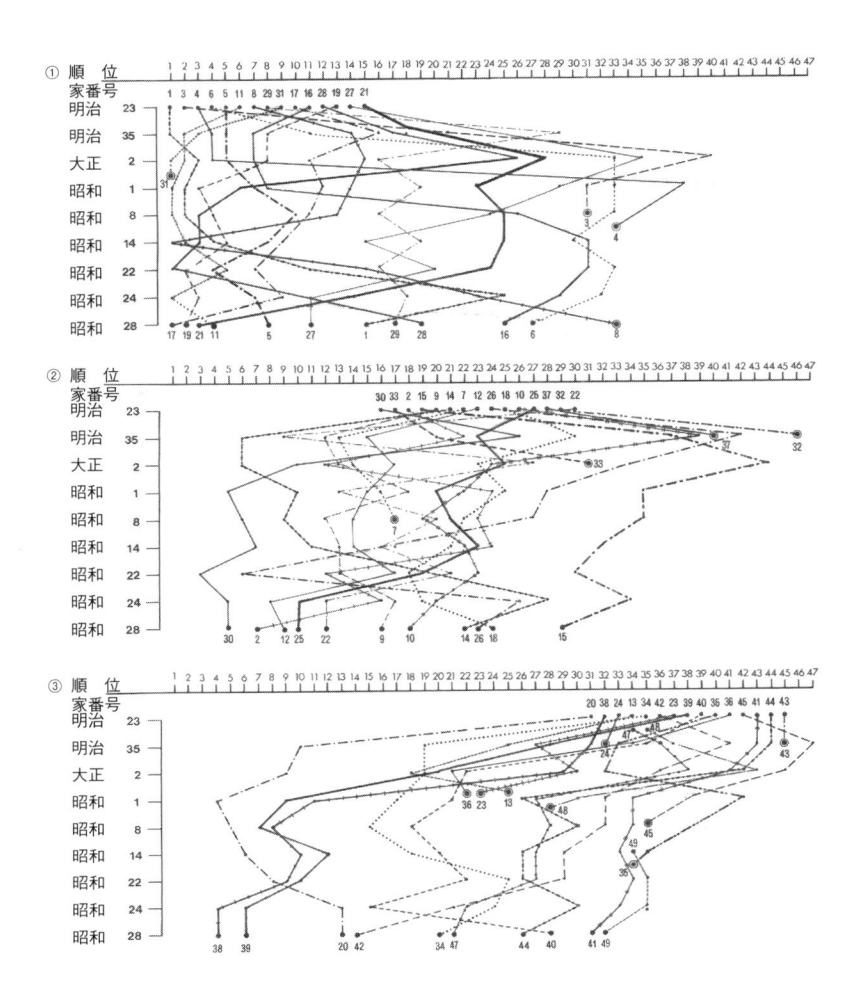

〔家番号は明治 23 年の水田所有面積の順に付している〕

◉ 印は欠落

図7b 課税評定表からみた駒倉の階層序列の推移

（45％）で成人男子が召集され、しかもその内の14戸が戸主・後
継者を送出した上に、11戸で戦死者を出すという過酷な徴兵制
による労働力不足が重なって、戸数欠落は老女一人世帯の死亡廃
絶2戸・家族構成の悪化による一人世帯の脱落型離村2戸・水害
による破産型離村2戸・木子の小学校に通勤していた教員世帯の
動員的な転勤離村1戸の7戸に止まり、その間に分家と疎開転入
が各1戸あったので、戸数が33戸となった。

　その欠落7戸の「耕地所有面積」での階層は、最上層2戸・上層
1戸・中層2戸・下層2戸で、それらの耕地資産の約半分が売却さ
れずに農地改革まで放置されていた。その結果、これらの欠落戸
や経済的困窮戸から放出された耕地の取得によって、残留戸の経
済的な階層構造は最上層14戸（31.8％）・上層4戸（9.1％）・中層10
戸（22.7％）・下層12戸（27.3％）・最下層4戸（9.1％）となり、上位層
に重厚な4層構造に移行している。

　そうした経済的な階層構造の変容に合わせて、区長の選出方法
も役職戸の負担軽減と社会的な均等化を図って生活困窮者を除く
全戸で担うことになり、しかもその選出の順番を村税の課税序列
に従うことにした上に、前年の区長代理が翌年には自動的に区長
に就任することにした。それによって区長株制は完全に崩壊し、
徴兵送出世帯と生活困窮世帯を除く最上層と上層の12戸によって
19回の区長が担われ、その内の6戸が2〜3回を重複して就任
している。それと共に、村会議員には最上層1戸（3期）・上層2戸
（各1期）・下層1戸（2期）が就任し、その下層の1戸を除くといず
れもが区長を併任していた上に、その下層1戸も明治33（1900）年
〜大正9（1920）年には区長を6期、収入役を1期、村会議員2期
を務めていたもので大正中期に資産状態が悪化して下層になった
が、家格的には上層部に準じていた。

　こうして、この時期には戦時体制下における徴兵制の強化によって上層部と下層部との間で社会的な階層構造の分断が一層深化したものとみなされる。

(4) 昭和20〜36年：農地改革による上層部主体の経済的階層の団塊構造化と階層内均等主義の社会構造の成立

　昭和21年に小学校教員が帰村して戸数が34戸になったが、「自作農創設特別措置法」の公布によって戦前の破産型離村戸の抵当流れ地や環境忌避型離村戸の保有地が農地改革の対象となり、昭和22年の「耕地所有面積」での階層構造が最上層19戸（55.9％）・上層2戸（5.9％）・中層6戸（17.6％）・下層2戸（5.9％）・最下層5戸（14.7％）となり、残留戸の資産力が強化された。さらに、昭和30年頃までは戦後の食糧・燃料不足を背景にして薪炭・蔬菜・雑穀の直販型行商が伸展し、その経済力を活かして昭和25〜30年には農道の拡幅工事等を行い戸数が安定していた。

　しかし、昭和28年の台風13号による大きな被害と、昭和30年頃からのエネルギー革命に伴う薪炭業の壊滅によって、昭和31年以降には中学校卒業生の全員が就職離村をして集落内に残留するものが無くなり、それに符合して7戸の欠落が生じて、戸数が26戸となった。

　その欠落7戸の「耕地所有面積」での階層構造は、最上層4戸・上層2戸・最下層1戸であったが、最上層の2戸が死亡廃絶と女性一人世帯化による世帯合併離村戸であり、他の1戸も定着性の低い特異な入夫世帯であって、共に台風被災と農道拡幅工事費の負担回避を理由にして農業経営を放棄したものであった上に、それ以外の1戸も再々に及ぶ区長就任の負担を回避する目的で脱出していて、経済的階層と欠落との関係が不明瞭になっていた。また、上層の欠落戸の内の1戸は昭和28年の「課税序列」で最上位

に位置し、大正8年～昭和16年に区長を3回務めたが、昭和21年の会社電灯導入事業の各戸の負担額の査定問題で別の氏姓集団の区長と対立し、以後には一切役職をしなくなって、いち早く集落社会から離脱した脱出型離村をした上に、他の1戸は両親死亡による子ども世帯で、中学校卒業時に就職離村をした一種の廃絶型離村戸であった。また、最下層の1戸も独居老人世帯で、先行離村をした後継者のもとに世帯合併離村をしており、いずれもやや特異な離村戸であった。

その結果、それらの欠落戸の耕地資産はいずれの場合にも特殊な家庭事情による離村とみなされて、その多くが残留者に購入されたので、昭和36年の「耕地所有面積」での残留戸の階層構造は最上層11戸(42.3％)・上層4戸(15.4％)・中層6戸(23.1％)・下層4戸(15.4％)・最下層1戸(3.8％)となり、上層部主体の3層構造に圧縮された。

また、村会議員には最上層の3戸(全てが区長を併任し、その内の1戸は2期就任)がなり、区長には最上層8戸(内1戸が3期、5戸が各2期、2戸が各1期)・上層2戸(各1期)・中層1戸(1期)が就任していて、いずれも最上層部の中から個人的・家格的な資質を参酌して選出される形の階層内均等主義の社会構造ができてきたものとみられる。

(5) 昭和37～39年：部分廃村化段階での雪崩的離村と社会組織の崩壊

昭和37年にはオリンピック景気による西陣出機の第二次急増期を迎え、都市域での学歴社会化の進展によって誘発された高校進学熱の急激な高揚期に入って、最上層1戸・中層2戸・下層1戸が離村し、戸数が22戸となった。その離村戸の内の中層2戸は家族構成の悪化によって世帯合併型離村をし、その耕地は後継

者が単身離村をした直後から原野化して昭和40年に営林署に売
却されるまで放置されていた。また、下層の1戸は結婚問題と高
校進学問題に直面して切迫型離村をしたので、その耕地資産は少
量であったことと、離村動機に対する共感性や家計状況に対する
同情から特例的に同族間で買い取られている。それに対して、最
上層の1戸は経済的に最上位にあった上に、社会的にも明治27
（1894）年〜昭和34（1959）年に区長を12回、明治〜第二次世界大
戦後に村会議員を8期務め、さらに大正11年〜昭和5年に「世
屋信用組合理事」に就任していて、集落行政の頂点を担ってきた
が、後継者の結婚難の問題と高校進学問題を理由に、勤務してい
た「世屋農業協同組合」の縁故によって岩滝町の公民館主事の就
職先を確保して離村したので、その周到な計画性に対する不信感
と廃村化への危惧感が嵩じて、その耕地には全く買い手が付かな
かった。

　こうして、昭和37年には離村過程に階層的な逆転現象が生じ
ると共に、離村動機に経済外的な人道的理由が浮上して、耕地の
売買が停止されて、完全に部分廃村化段階に突入したものとみな
される。

　そして、その直後の昭和38年に豪雪災害に遭遇し、冬季出稼
ぎ戸に大きな衝撃を与えて最上層1戸・上層1戸・中層1戸・下層
2戸の5戸が離村し、戸数が17戸となった。その離村戸の内の中
層以上の3戸は、共に区長の経験をもつ中核層で、その内の1戸
は老父と若夫婦の3人家族という移動容易な家庭事情を活かして、
戦時中に廃絶戸から購入していた隠居屋を就業機会の多い岩滝町
に急遽移築して機屋に勤務したので、部分廃村化段階において離
村競争を先導したとして、その耕地資産には全く買い手が付かな
かった。他の1戸も部分廃村化直前の昭和36年に区長を務めな

がら、製炭・木炭焼き子稼業の壊滅によって収入源を失ったことにより突如岩滝に離村をしたので、実態としては豪雪災害の恐怖を口実にして離村競争に同調したとみなされて、その耕地資産には買い手が全く付かなかった。また、その他の1戸も後継者が女性で戸主の冬季出稼ぎ中に受けた苦痛を理由にして逃避型離村をすると言い訳をしていたが、実態的には出稼ぎの疲労から脱出する好機とみて離村競争に加わったもので、豪雪前年の昭和37年に区長に就いていながら抜け駆け的に離村したと非難されて、この耕地資産にも買い手が全く付かなかった。

　さらに、下層の内の1戸は後継者の戦死による高齢化世帯で、部分廃村化と豪雪による離村競争に直面して、養鶏場に住み込んで昼夜勤務をしており、他の1戸は昭和15年の分家で、病弱による生活保護世帯であったので、加悦町からの救援を受けて「農業協同組合」の昼夜勤務の住込み管理人となっていて、共に放擲型離村戸であったが、それらの僅かな耕地資産にも買い手が付かずに放置されている。

　こうして、この豪雪災害は上層先行型の部分廃村化離村を駄目押しする作用を果たすものとなっていて、この段階で「耕地所有面積」のもつ階層的な意義が全く消滅することになった。

　その上で、昭和39年には部分廃村化の最終局面を迎えて全層的な離村競争が進行し、最上層4戸・下層2戸の6戸が離村して、戸数が11戸となった。その内の最上層の1戸は、社会階層的にも大正14年〜昭和30年に区長を5回務めた中核層で、下世屋に位置する農業協同組合の事務所に単車で通勤をしていたが、下宿中の高校生の生活管理を主たる理由にして岩滝町内の信用金庫に職を得て離村をした。この最上層戸の教育問題を契機とする計画的な離村によって、残留戸は集落の終末を予知し、区会を開いて

集落の解散と唯念寺の廃寺を決議すると共に、集落の全地籍の土地を営林署に一括売却することを決めた。その決定を受けて、戦前に村会議員を1期、昭和28・35年に区長を2期務めて、その直前まで離村戸の土地を購入していた最上層の1戸が、止むなく岩滝町に出て日雇労務につき、妻が機屋に勤務する放擲型離村をした。さらに、他の最上層の2戸は戸主と長男の戦死世帯で、共に区長には一度も就任しておらず社会階層的には中層に位置していたが、その内の1戸は戸主が30歳過ぎの壮年で、重量物の撚糸用カシの規格薪の生産やパルプ業者の木炭焼き子稼業によって蓄えた資金で、昭和36・37年に集落内の耕地を購入し、直前まで離村の予定がなかった。しかし、子どもの将来の生活不安から集落の解散決議に同意して、岩滝町内で自営の賃機を開業しており、一種の放擲型の脱出離村戸となっている。また、他の1戸も戸主が壮年で、営林署に売却された近隣集落の山林の伐採を請け負うパルプ業者の伐採・搬出作業に従事していたが、離村競争に煽られて職場の縁故で峰山町内の製材所に勤務した放擲型離村戸となっている。

　それらに対して、下層の2戸の内の1戸は復員軍人で、犢取りと鍛冶屋業を営む男子一人の生活保護世帯であったが、昭和39年の牛肉輸入枠の拡大による犢価格の低落もあって、前年に養鶏場の住込み管理人となっていた離村戸の斡旋を受けて、同じ養鶏場に住込み作業員となっている。また、他の1戸も後継者の戦死世帯で、旧野間村から入夫を迎えてパルプ業者の木炭焼き子稼業に従事してきたが、離村競争に直面して実家の紹介で遠方の網野町の機屋に就職しており、いずれも戦争後遺症世帯の放擲型離村戸となっている。

　こうして、部分廃村化の最終局面において、最上層戸の計画的

離村とそれに引き摺られた全層的な放擲型離村が生じており、その結果、家族構成の不全や転居資金の不足によって離村の手立てをもたない11戸が取り残されることになった。

(6) 昭和40年：集団離村の遂行と集落地籍の国有化による耕地から林地への全面転換

　集落の解散決議後においてなおも残留した11戸の「耕地所有面積」での階層構造は、最上層5戸(45.5％)・上層2戸(18.2％)・中層3戸(27.3％)・下層1戸(9.1％)となっていたが、その家族構成をみると女性の独居または老人夫婦世帯が6戸(54.5％)、家族構成の悪化による他家からの養女・入夫世帯が4戸(36.4％)、通常の三世代家族が1戸(9.1％)となっていて、ほぼ全戸が家族構成に欠損を抱えた移住能力の乏しい世帯であったので、それらに対する人道的な救済策として集団離村の手立てが模索されることになった。その結果、11戸の内の2戸は高齢者世帯で昭和48年まで残留したが、他の9戸は昭和40年に区会決議による集団離村に応じている。この集団離村を主導したのは戦後の復員軍人世帯で、犢取り・製炭・出稼ぎを主業にして最上層となり、昭和34・39年に区長に就いていた三世代家族で、自らは営林署への土地の売却金で町造成の分譲宅地を購入し、母屋を移築して賃機を開業した。

　この集団離村によって、行政的には「区」が消滅して準廃村となった上に、集落地籍の土地が営林署に一括売却されて耕地のほぼ全てが林地化したので、集落としての景観もほぼ消滅している。

13章　社会的な階層構造の比較

　集落の階層構造は、経済的階層を下部構造とし、社会的階層を
上部構造として構成されているが、その上部構造の要になったの
が木子では主従的で統制力の強い親方子方制であり、駒倉では親
睦的で結束力の強い同族的な氏姓集団であった。

13-1　木子の親方子方制と氏姓構成との関係

　木子では、明治23(1890)年の「土地台帳」による1戸平均の田
地所有面積が6反2畝歩で、とくにその中で5反歩以下の零細農
が23戸(41.8％)を占めていたので、多くの住民が田地不足の状態
に置かれていたと想定される。しかし、最上位戸でも田地所有面
積は1町6反5畝26歩に過ぎず、全体的に上層部でも田地を小
作に出す余裕が少なかったために、身分的な隷属関係をもつ家族
的・同族的な扶助組織としての親方子方制が浸潤したものとみな
される。
　その明治23年の氏姓構成は、大松姓24戸・矢野姓18戸・水上
姓5戸・赤松姓5戸・荻野姓2戸・小川姓1戸となっていたが、そ
の中の矢野姓は中世に平家残党の矢野弾左衛門が丹後に逃れて
きて木子・駒倉に隠棲したとする伝承をもつ名主系の一族とされ、
明治23年には氏姓集団の中で最多の6戸の親方株を擁し、親方
と子方の戸数比率が1:2となっていた。一方、大松姓は最大の戸

数を抱え、居宅地も広く分散していることなどから、土着性の強い氏姓集団とみなされていて、親方株も5戸を擁したが、子方も多くて親方と子方の戸数比率が1:4となっていた。水上姓は矢野氏の家臣の流れを汲む氏姓とされ、親方株を1戸擁したが、その親方株⑫（○囲い数字は明治23年の水田所有順に付した家番号、以下同じ）は田地所有面積が親方衆の中では最も少なくて、経済力よりも家臣系の同族集団の本家としての権威的な存在となっていて、一族を統合していたために親方と子方の戸数比率は1：4となっていた。また、赤松姓は江戸時代に恋愛問題で放逐された丹波篠山藩主の弟が、宮津藩主の計らいで赤松伊左衛門を名乗って大庄屋として木子に住んだとの伝承があり、一代で没落してその家人または使用人がその系譜を継いだものとみなされていて、親方株の家格に達するものがなかったので、その多くがオオヤと呼ばれる大松姓の親方株①の子方となっていた。また、荻野姓と小川姓は明治初期に近隣の集落から入村した外来戸で、前者は大松姓の子方扱いに、後者は矢野姓の子方扱いになっていた。

　その後、矢野氏姓集団では昭和8（1933）年までに親方株3戸（④⑧⑪）が家族構成の悪化と財力疲弊によって親方株から離脱し、子方も3戸が家族構成の悪化と経済的な困窮によって離村したので、親方株3戸（②③⑥）と子方12戸となり、親方と子方の戸数比率が1:4となっている。これに対して、大松氏姓集団では親方株の離村がなく、子方の離村が5戸あったので、親方株5戸（①⑤⑦⑨⑩）と子方14戸となり、親方と子方の戸数比率が1:3となった。また、水上氏姓集団では、親方株⑫が昭和2年に蚕種投機に失敗して親方株を離れたので、全戸が大松姓の子方に入っている。

　このようにして、外来戸を含めて下層部の全てが子方になっているのは、それらには経済的な庇護者が必要であったことに加え

て、その脆弱な社会的な立場から身分的な信用を得る目的と、親方株が支配する集落社会の構成員としての資格を容認してもらう目的があったことによるとみられ、親方子方制が集落生活の深層部に浸透していた。

そうした状況の中で、外来戸や親方株をもたない氏姓集団が主として親方に選んだのは、狭小な耕地を小作地として貸与してもらうことのできた大松姓①であって、それにより①はそれらの多くの子方の無償労力を使って家計を安定させると共に、とくに養蚕全盛期には桑園を拡大して高い収入を上げ、それによって得た財力と労働力の余裕をもって明治22～45年に世屋村の助役を2期、明治45～昭和9年に村長を4期務めることになった。

その結果、昭和10年には「耕地所有面積」で1町5反歩以上の最上層部に7戸があったが、それらの序列は大松姓①が2町5反歩で飛び抜けており、次いで大松姓の親方株⑩が2町歩、大松姓の親方株⑤と同姓の新興の非親方株の資産家㉒が1町9反歩で続き、その下に矢野姓の非親方株3戸(⑧⑪⑳)が1町5反歩で位置していて、矢野氏姓集団の経済力が大きく低下していた。その内の矢野姓2戸(⑧⑪)は大正時代以前に親方株から脱落していたもので、1戸⑳は元々非親方株であった。また、それ以外の矢野姓の親方株4戸(②③④⑥)の耕地所有面積は1町1反歩以下に凋落していて、矢野氏姓集団全体の威勢が低迷する状態になっていた。

それにより、矢野姓の親方株から離脱した2戸(⑧⑪)は昭和34年にいち早く離村し、その他の親方株2戸(②③)も昭和37年に部分廃村化を先導する形で離村し、さらに親方株⑥が昭和39年に山林原野を営林署に売却して離村し、続いて親方株④が昭和40年に離村して、準廃村化の前に親方株がなくなっている。一方、大松姓の親方株では⑨が昭和39年に初めて離村し、それを追っ

て昭和 40 年に 2 戸（⑤⑦）が離村したものの、⑩は準廃村化段階まで滞留し、最上位戸の①も全面廃村化まで残留していた。

　このようにして、木子においては大松姓①が親方株と地主を重複させて超然的な権限を握り、大松姓⑩もそれに準じていたが、それらを除くとその他の親方株は、全体的には営利的・搾取者的な性格が希薄で抑圧力も弱く、本家・分家関係を基軸とする親族的・同族的な相互扶助的・儀礼的な結合の統括者として、単にムラ社会の公序・秩序の安寧を担う家格の高い権威的な存在であったとみなすことができる。従って、そうした①⑩を除く非抑圧的な親方株の下での集落的な結束力の脆弱性によって、昭和 37 年から高校進学問題に端を発した大量の雪崩的離村が生じ、一気に部分廃村化が進行することになったものとみなされる。その一方で、親方株と地主小作関係が重複していた大松姓①を盟主とする拘束力の強い親方子方関係で結ばれた集団が固執的な守旧派となって滞留し、準廃村化の状態を長く維持することになったものといえる。

13-2　駒倉の親方子方制と氏姓構成との関係

　駒倉では、これまでの郷土調査等によって区有文書が喪失していて過去の詳細が分からず、その上に廃村化が進行した昭和 30 年代には住民の中で親方子方制を認知するものが全くいなかった。しかし、その経済的な階層構造をみると、明治 23 年の「土地台帳」での 1 戸平均の田地所有面積は 6 反歩で木子よりも少ない上に、5 反歩以下の零細農が 13 戸（28.3％）もあって、住民の多くは木子と同様に小作地を必要としていたものと思われる。しかし、ここにおいても最上位戸の田地所有面積は 1 町 6 反 5 畝 26 歩に

止まり、上層部全体に小作に出す余裕が殆どなかったので、扶助組織としての親方子方制が普遍化していた可能性は高かったと考えられる。

その明治23年の氏姓構成は、矢野姓24戸(内、6戸が明治7〜10年の徴兵忌避を目的とした分家で、1戸が絶家再興)・井本姓14戸(内、2戸が安政2年と明治8年の分家)・小西姓8戸となっていて、その最多の戸数集団をなす矢野姓が平家残党の矢野弾左衛門に由来する名主系で、小西姓がその従者系、井本姓が土着系とされていることからみても、かつてはここにも身分制的な社会組織が存在していたものと思われる。しかも、その上層部5戸(①②③④⑤)の明治23年の田地所有面積が、木子の親方株12戸の田地所有面積の下限に当たる9反歩以上となっていたので、それらの上層部には相応に親方株を担う財力があったものと想定される。

しかし、その内の井本姓②は明治29年に分家を創出して耕地資産を半減させ、明治37年の村税の課税序列では24〜36位となり、財力面で親方株の資格を喪失させていた。また、矢野姓③は水害被災を受けて明治32年以降に耕地所有面積を徐々に減じて、明治37年の課税序列では24〜36位となり、昭和11年に台風災害と共同自家発電の負担難によって離村している。さらに、小西姓④も大正6年から後継者が兵役時の戦友の縁故で大阪市に単身離村をし、老母一人の非課税世帯となり、昭和12年に死亡廃絶している。加えて、駒倉のオオヤ(総本家)の地位を担ってきた最上層の矢野姓①も、大正8年頃に後継者が京都に遊学離村をして老人世帯となったために、昭和初期に親方株を離れており、井本姓⑤も昭和5年の課税序列が10位に下落して親方株から離脱している。

こうして、駒倉では大正時代から昭和初期において親方株がす

べて消滅し、その親方子方制に代わって集落内の政治的統括を担
う基礎的単位として同族的な「氏姓集団」が機能するようになっ
たとみられる。

13-3　木子における区長の選出形態と親方株との関係

　明治22(1989)年の町村制施行により、旧村が新町村の区とな
り、各区に町村の末端行政職として区長1名、区長代理1名を置
き、さらに区会条例を定めて区内の自治事項を協議するために若
干の区会議員を選出することになったが、世屋村では各区の戸数
規模が僅少なことと、親方株の存在によって区会議員は省略され
ている。その区長の任期は、木子では明治25～36年には2年で
あったが、その後に1年制となり、さらに昭和1～39年には原則
として前年の区長代理が翌年に区長を務めることになった。

13-3-1　区長と親方株との対応関係
　木子では、明治時代から準廃村化する昭和40年までの長期間
にわたって、資料**表2**(巻末)のように、一貫して有力な親方株が
区長株を構成し、その区長株の中から適宜に区長が選出されてき
た。その間に区長株以外で区長となったのは大正6年の矢野姓⑪、
昭和1年の水上姓⑰、昭和5・12・22年の大松姓㉒、昭和21年の
大松姓㊴、昭和29・36・40年の荻野姓㉟、昭和30・38年の赤松
姓㉙の6戸のみであった。その内の大正6年の矢野姓⑪は明治中
期に財力の低下によって親方株から離脱していたが、大正初期に
矢野姓の親方株⑥が大松姓①と対立して区長を忌避したために、
同じ氏姓で親方株に準じた家格をもつものとして特別の措置で1
年のみで代行したものである。昭和1年の水上姓⑰はこの年次か

ら前年の区長代理が翌年に区長になることとした制度改革により急遽指名されたものであった。また、昭和5・12・22年の大松姓㉒は大正中期から資力を向上させて昭和初期に耕地所有面積で親方株に相当する8位以内となった新興の資産家で、大正時代に矢野姓の親方株2戸（②⑥）が相次いで区長職を忌避したために、大松姓でありながらその区長株を代行することになったものである。昭和21年の大松姓㊴は大松姓①の子方で、戦後の農地改革の際に小作代表に就き、社会民主化の動向に呼応して急遽区長に就任したものである。

　こうして、昭和28年までは原則的に親方株が区長を独占してきたが、昭和29年に世屋村が宮津市に編入されて区長の主たる用務がほぼ市行政との事務連絡のみとなって職責が軽減されたことにより、それまでは区長職に全く関わりのなかった氏姓集団からの選出がみられるようになった。昭和29年に就任した荻野姓㉟は明治初期に近隣集落から入村した外来戸で、大正時代に商業活動を活発に行って中層となり、昭和29年頃には集落の主要な収入源になった犢取りの最上位の篤農家となっていたので、その経営能力が評価されたことと、最有力戸の大松姓①の子方扱いであったことによって、区長に就いたものである。また、昭和30年に就任した赤松姓㉙は就任の前年に大松姓①が区長代理を任期途中で辞任し、その子方であったことによって区長代理となり、規定に従って翌年に区長になったものであるが、この㉙も荻野姓㉟と並んで犢生産では最上位戸となっていて、共に集落の主要産業が犢生産に転換したことに対応した形での就任戸となっている。

13-3-2　区長の選出方式の変遷

(1) 明治 25〜36 年：家格至上主義の区長選出

　初代区長には、資料**表 2**(巻末)のように、大松姓の①が就き、以後には大松姓⑩・矢野姓⑥・水上姓⑫の合計 4 戸が輪番的に就任している。いずれも各氏姓集団で最上位の本家格の親方株であって、区長選出においては田地所有面積の序列や財力とは別の家格を中心とした派閥主義的な評価基準があったものとみなされる。

(2) 明治 37〜44 年：財力を基準にした親方株からの補強による 2 大氏姓集団の均衡保全型の選出

　区長任期が 1 年制となって、区長の当番が増えると共に、大松姓①が世屋村の助役に就任し、その役職との重複を避けて区長を外れたために、新たに矢野姓と大松姓の親方株 2 戸(②⑤)が加わって、大松姓 2 戸(⑤⑩)・矢野姓 2 戸(②⑥)・水上姓 1 戸⑫の 5 戸が輪番でもって担当した。その新規に参入した大松姓⑤は家格的には 2 番手ながらも、明治 23 年の田地所有面積では 1 町 2 反 1 畝歩をもつ最上層の親方株で、明治 34〜41 年に世屋村の収入役に就いていたので、大松姓の親方株①の代役として大松氏姓集団の威力を十分に誇示できるものであった。また、矢野姓②も明治 23 年の田地所有面積では矢野氏姓集団で最上位の 1 町 3 反 5 畝歩をもつ有力な親方株で、この参入によって大松姓集団に対峙できる勢力を構成することになっている。

(3) 大正 1〜14 年：氏姓構成における大松氏姓集団への偏重による社会的均衡の崩壊

　大松姓①が世屋村の村長職に継続して就任したので、大松姓の親方株 1 戸⑦と矢野姓の親方株 1 戸⑪が新たに加わった上に、大松姓①がこの間に 1 期のみながら区長に就いたので、大松姓 4

戸（①⑤⑦⑩）・矢野姓3戸（②⑥⑪）・水上姓1戸⑫の8戸が区長になった。新規に参入した大松姓⑦は家格的には3番手に位置しながらも、明治23年の田地所有面積では1町1畝歩をもつ有力な親方株であったので、大松姓①の補助として着任したものである。一方、矢野姓⑪は明治23年の課税序列では18〜32位と低く、早くに親方株を離脱していたが、大正初期に矢野姓の総本家⑥が大松姓①と対立して区長職を忌避したために急遽代行として就任したもので、大正6年の1回限りの着任となっている。それによって、新旧で短期に交代した矢野姓の2戸（⑥⑪）を除くと、区長の氏姓構成は大松姓4戸（①⑤⑦⑩）・矢野姓1戸②・水上姓1戸⑫となり、大松氏姓集団に偏重するいびつな社会構造となった。

（4）昭和1〜19年：大松氏姓集団に偏重した社会対立型選出の深化

　大松姓①が引き続いて世屋村の村長職に就いた上に、矢野姓の親方株②が戦時中の徴兵に対する村政（村長）に対する不信感を募らせて区長株から離脱したので、新たに矢野姓の親方株③・水上姓の非親方株⑰・大松姓の親方株⑨・大松姓の非親方株㉒の4戸が加わって、9戸が区長に就いた。しかし、その内の矢野姓③は矢野姓の親方株②が大松姓①に反撥して区長株から離脱したための補充として就任したもので、これも昭和8年の1回限りの着任となっている。また、水上姓⑰も昭和1年の区長選出方法の変更によって前年に区長代理であったために急遽就任した異例の区長で、この年度だけの1回限りの着任となっている。

　その結果、昭和1〜19年における区長株の氏姓構成は、矢野姓が皆無となり、大松姓6戸（①⑤⑦⑨⑩㉒）と水上姓1戸⑫となり、大松姓に極端に偏った構図となって、氏姓集団間における分断的構造、ないしは土着系と名主系の対立的構造が極めて顕著となった。

(5) 昭和20〜28年：親方株による輪番制の選出

　戦後の社会民主化の思潮を受けて区長株体制が崩壊したが、昭和34年の大火までは区長宅が寄合場所となる慣例があったので、区長には社会的・経済的な包容力が求められ、実態的には区長経験をもつ親方株が区長の殆どを占めることになった。その結果、大松姓6戸（⑤⑦⑨⑩㉒㊴）と矢野姓2戸（③⑥）の8戸が毎年交代で区長に就いている。その内の大松姓㊴は非親方株であるが、昭和20年に農地委員会の小作代表と区長代理をしたもので、翌年に1回限りでの就任となっている。また、矢野姓⑥は親方株でありながら、大正初期からオオヤ格の大松姓①と対立して区長株を離れていたが、当主の世帯交代もあって矢野姓の総本家として過去の経緯を越えて参画したものである。同じく矢野姓③も昭和8年に矢野姓の親方株②の離脱を埋めるために臨時的に就任したものの、やはり大松姓①に反撥してその後には1度も区長になっていなかったが、時代の要請に合わせて復帰したものである。

　こうして、大松姓の㉒㊴を除くと全ての区長に親方株がなっていて、全体的には政治・行政体制の平等化の潮流を反映しながらも、根本的には親方株が区長を担う社会体制が維持されてきた。そうした状況の中で、親方株でありながらも区長に就任しなかったのは大松姓2戸（①②）と水上姓1戸⑫であったが、その内の①は昭和19年に区長をしていたのでその順番から外れただけであり、②は戦時中からの不公平な徴兵負担によって生じた村政に対する不信感がなおも氷解しなかったものであり、⑫は大正末期の蚕種投機に失敗して早くに親方株を離脱し、区長株からも財政的事情から外れていたものであったので、殆どの親方株が輪番で区長に就任している。

(6) 昭和29〜36年：氏姓集団社会の部分的崩壊による新規氏姓参入型の選出

昭和29年に宮津市に編入されると共に、全国的な経済復興と近接平地での機業活動の盛況に伴う就業機会の拡充と集落内での大松姓①の強圧的な支配体制に反撥する社会的な軋轢の継続によって、昭和29年に大松姓の非親方株2戸(㉒㊴)が区長負担を忌避して離村したので、その補充として大松姓①の指図によってこれまで全く区長経験のなかった外来戸の荻野姓㉟と赤松姓㉙が新たに選出された。その措置に反撥して、昭和30年に大松姓の親方株2戸(③⑨)が区長株を離れたので、大松姓①が復帰して、区長には大松姓4戸(①⑤⑦⑩)・矢野姓⑥・荻野姓㉟・赤松姓㉙の7戸が輪番で当ることになった。

こうして、この時期には主流派をなす大松姓の親方株の中からも区長職を回避するものが現れ、親方株が区長株を独占する旧来の社会的秩序が崩れると共に、親方株の権威によって統制されてきた伝統的な村落社会が内部的に崩壊して、部分廃村化段階の様相を呈し始めたとみなされる。

(7) 昭和37〜50年：部分廃村化後の準廃村化段階での3戸の輪番方式による選出

昭和37年に大正5(1916)年から区長就任を固く拒絶してきた矢野姓の親方株②が高校進学問題を理由にして離村し、離村過程に明瞭な階層的な逆転現象が生じて確実に部分廃村化段階に突入した。その後、三八年豪雪を経て営林署への土地売却方式を巡って社会的な亀裂が深刻化する中で、昭和38年から大松姓①とその子方格の荻野姓㉟・赤松姓㉙の3戸が輪番的に区長を担うことになり、その翌年の昭和39年に10戸、40年に5戸の雪崩的離村が生じて10戸が残存するのみとなって、戸数規模的には準廃村化

段階に入った。しかし、ここでの社会的な準廃村化の開始期は区長選出が 3 戸による形骸的な輪番方式に転換した昭和 38 年とみなすことができ、その後の昭和 51 年に赤松姓㉙が離村してからは①と㉟が交代で区長をする異常な事態が続くことになった。

13-3-3　世屋村の役職及び村会議員の選出と親方株との関係

　世屋村の役職・村会議員の選出は、昭和 29 年の宮津市への編入までに限定されるが、それらの役職については集落間の行政的利害の調整役を果たす外交的な要職として、集落を代表する有力戸に委ねられることになり、実態としては親方株が独占してきた。

　その結果、助役には大松姓①が明治 22 ～ 24 年と明治 41 ～ 45 年に、村長には大松姓①が明治 45 年～昭和 9 年に 4 期務め、収入役には大松姓⑤が明治 34 ～ 41 年に、矢野姓③が戦後の昭和 21 ～ 23 年に、大松姓⑦が昭和 26 ～ 29 年に各 1 期務めている。

　また、村会議員には区長との重複を避けて、明治時代には有力氏姓集団の最高家格の親方株 4 戸（大松姓①⑩・矢野姓⑥・水上姓⑫）がなったが、大正時代には矢野氏姓集団からの選出がなくなり、大松姓 3 戸（①⑤⑩）と水上姓⑫の 4 戸の親方株がなっている。そして、昭和 1 ～ 19 年にはやはり矢野氏姓集団からの選出がなく、大松姓の親方株 3 戸（①⑤⑩）と大松姓の新興の非親方株㉒、及び氏姓集団間の均衡を図って親方株から脱落しながらもなおも氏姓集団を統括していた水上姓⑫を加えて 5 戸でもって担っている。その後、昭和 20 ～ 28 年には水上氏姓集団からの選出がなくなり、代わって大松氏姓集団の親方株 2 戸（⑦⑨）が参入し、さらに矢野姓の親方株③と外来戸の荻野姓㉟が加わっており、旧来からの権威的な社会構造の一端が崩れたとみなされる。それと共に、そうした選出階層の劇的な転換を可能にしたのは世屋村行政への政治

的依存度が低下したことを示すものである。

　こうして、村会議員は明治以来一貫して家族構成が安定し、多くの子方からの労力提供を受けて時間的・経済的に余裕をもつ親方株によって名誉職的に担われてきたが、戦後は社会民主化の流れの中で形式的な選考が通用しなくなると共に、世屋村の行財政力の低下によって政治的機能が脆弱化して、村政への期待が薄れる中で形式的に選任されるようになった。

13-4　駒倉における区長の選出形態と親方株との関係

13-4-1　区長と親方株との対応関係、及び氏姓集団間における区長就任の片寄りの構造

　区長の任期は、明治25～34年には2年制で、以後には1年制となるが、その選出形態は明治・大正時代には基本的に特定戸による輪番制であった。しかし、昭和1～23年には区長代理が置かれ、区長には規則的に前年の区長代理が務めることになると共に、役職戸の負担軽減を図って、原則として出征送出・戦死世帯等の困窮戸を除いた全戸でもって担うことになった。さらに、昭和24～33年には区長代理も置かなくなり、昭和34年以降にそれを復活させたものの、前年の区長代理が翌年に区長となる規定を反故にして、同じ年度の区長と区長代理には異なる氏姓集団が当たることとし、氏姓集団間の均衡を保つようになった。

　こうして選出された区長の就任戸は、明治時代に8戸、大正時代に8戸、昭和1～19年に11戸、昭和20～40年に12戸となり、木子における明治時代の6戸・大正時代の8戸・昭和1～19年の9戸・昭和20～40年の11戸に比べてより幅広く選任されていた。とくに、明治23年の田地所有面積が9反歩以上で親方株と目さ

れた上層部5戸（①②③④⑤）の中で区長に就いたのは、明治・大正時代の矢野姓①（4回）と昭和1〜19年の井本姓⑤（1回）のみで、区長と親方株との一致点は殆どみられなかった。

　駒倉においてはタテ型の相互扶助組織としての親方子方制は早期に衰滅し、それに代わって同族的な氏姓集団がヨコ型の相互扶助組織として機能し、それがさらに政治的な結束力を高めて集落統合の基礎的単位となったので、氏姓集団間に強い対抗意識が生じ、その勢力の均衡を図るために区長枠を氏姓集団の単位でそれぞれの戸数に応じて按分し、その中から区長を選ぶ間接選出の方式が取られてきた。その結果、区長の人選はそれぞれの本家筋が権威をもつ封建的な氏姓集団の内部において個別的に決定されることになったために、明治25年〜昭和40年の74年間に就任した区長の氏姓構成及びその戸数と就任回数は、矢野姓15戸55回（74.3％）、井本姓4戸17回（23.0％）、小西姓1戸2回（2.7％）となっていて、時代的には変遷を辿りながらも氏姓集団間で大きな片寄りがみられた。

13-4-2　区長の選出方式とその氏姓構成の変遷
（1）明治25〜34年：下層救済型から実務能力評価型への選出形態の転換

　任期2年制の期間においては、初代には区長の任務が未だ十分に理解されていなかったために、資料表2（巻末）のように、多分に経済的な救済措置として矢野姓の最下層㉟を選出したが、2代目には小学校設置問題で世屋村助役の井本姓⑳が窮地に陥って辞職する事態に直面して、村政に対する重石として「村税等差評定」で2〜3位の矢野姓⑪が就任している。その次に選出された矢野姓㉞は再び田地所有面積で34位の最下層であったが、次の

井本姓⑳は「村税等差評定」で９位に位置して助役の経験をもつ最上層戸となり、さらにそれに続く井本姓⑯も「村税等差評定」で３〜７位の上層戸であった。こうした井本氏姓集団での最上部からの選出は、矢野氏姓集団における下層救済型の選出方式に反撥したもので、井本氏姓集団としての威信をかけた資質の高い区長の選出となっている。

(2) 明治35〜44年：実務型区長株の出現

　この時期には、任期が１年制になる中で、区長職の重要性が認識されて有力戸の矢野姓４戸（①⑪⑫⑭）と井本姓１戸⑯が就任することになった。しかも、その内の①は３回、⑪⑯は各２回を重複して選出されており、両氏姓集団で共に実務的資質を重視した選出が行われている。その内の矢野姓①は明治34年に分家への財産分与により田地・山林原野の所有面積をほぼ半減させていたが、オオヤの家格をもち、明治37年に世屋村助役に就任していて事務能力にも長けていた。さらに、矢野姓⑪は明治27〜28年に区長に就き、村会議員の経験をもっていたもので、矢野姓⑭も明治36年の「村税等差評定」では４〜８位の最上層であった上に、明治33〜34年に区長代理をしていた。また、井本姓⑯は明治33〜34年に区長を経験しており、明治36年の「村税等差評定」でも矢野姓⑭と同じ４〜８位の最上層戸であった。それに対して、矢野姓⑫は明治23年の田地所有面積では12位で、「村税等差評定」では18〜42位の下層部に位置し、世屋村での役職の経験がなく、区長にも１回のみの就任となっているが、多分に矢野氏姓集団において実務能力を評価された特例的な就任戸と想定される。

　こうして、この時期にはそれぞれの氏姓集団内に家格重視の親方株とは異なる、実務型の区長株が成立したものとみなされる。

(3) 大正 1〜14 年：区長株の継承による氏姓集団内の結束力の維持

　水害等による経済的困窮によって矢野姓 4 戸とその族分扱いの小西姓 3 戸が離村し、矢野姓と井本姓の戸数構成比が 64：36 となって、矢野氏姓集団への区長の配分比が下がった結果、区長には矢野姓 5 戸（①⑪⑭⑰㊴）と井本姓 3 戸（⑯⑲⑳）が就任した。その就任回数は⑪が 4 回、⑭⑯⑳が 2 回で、1 回限りの就任は矢野姓の 3 戸（①⑰㊴）と井本姓の 1 戸⑲であった。その中でオオヤ格の①が就任回数を減らしたのは、後継者が京都市へ遊学離村をして家族構成が悪化したことによるもので、矢野姓⑰㊴がその代役として 1 回限りで就任している。また、井本姓⑲の就任は氏姓別の配分による井本氏姓集団への増加枠によるもので、これも 1 回限りでの選出となっている。

　こうして、この時期にも全体としては明治時代に引き続いて実務型の区長株制が踏襲されており、とくに井本氏姓集団においては区長枠の増加によって威信と結束力を高めることになったものといえる。

(4) 昭和 1〜19 年：区長株の崩壊と課税序列による機械的な選出方式の成立

　役職戸の負担軽減と平等化を図り、原則として全戸が区長職を担うことになり、その職務の習熟のために区長には前年の区長代理が機械的に就任することになった。その上に、その選任方式を従来の氏姓集団内における個別選出から、昭和 2 年の地方税（村税）の等差評定の序列順として公開している。その間に離村・廃絶が 7 戸と分家・疎開帰村が各 1 戸あって、昭和 19 年の戸数は 33 戸になったが、その 33 戸の内の 7 戸が家族構成の悪化による生活困窮戸で、17 戸が後継者・戸主の出征送出・戦死世帯であっ

たために、それらを除く9戸と戦死世帯の内の3戸を合わせた12戸で区長を担っている。その12戸の氏姓構成は矢野姓9戸（⑨⑪⑫⑭⑰㉘㉚㊳㊴）・井本姓3戸（⑤⑲⑳）となっていて、その内の7戸（⑨⑪⑲㉘㉚㊳㊴）が2～3回を重複して担当している。

こうして、昭和初年から終戦以前には区長株体制が完全に消滅し、同族集団的な社会秩序も形骸化し、全体的に集落運営面における一体化・平等化・民主化が進行したとみなされる。

(5) 昭和20～36年：困窮戸を除く全戸均等負担の形態による選出方式の継続

農地改革により耕地所有面積での階層構造が平準化し、社会民主化の思潮が浸潤する中で、区長の選出方式は終戦前と同様に困窮者を除く全戸均等負担の形態を踏襲し、村税の課税序列に従って機械的に充当しているが、昭和23～33年には区長適任者の減少による役職負担の軽減を目的にして区長代理を置かなくなった上に、離村・廃絶が7戸あって戸数が28戸になったために、昭和20～36年に区長に就任したのは矢野姓8戸（⑨⑪㉑㉕㉘㉚㊳㊴）と井本姓3戸（⑤⑳㉗）の11戸となり、その内の井本姓⑤が3回、矢野姓4戸（⑪㉕㊳㊴）が各2回を重複して担当している。

それに対して区長に就任しなかった17戸は、後継者・戸主の出征・戦死世帯6戸と家族構成の悪化等による困窮世帯11戸であり、さらに家族構成に異常がなくて離村したものが井本姓の最上層に2戸（⑲⑤）あった。その内の⑲は、大正時代に区長株になっていて昭和22年の課税序列では1～3位の最上位に位置したが、昭和21年の会社電灯導入事業費の戸別配分をめぐって矢野姓の区長㉚と対立し、以降には一切区長にならず、いち早く集落から離脱型離村をした。また、井本姓⑤は昭和23年の耕地所有面積では14位で、昭和28年の課税序列でも8～15位の中層に位

置したが、⑲が区長職を忌避したことにより氏姓集団間の勢力の均衡を保つために3回にわたって区長を重複就任していて、その負担の過重を逃れて脱出型離村をした。

　その結果、久しく最大勢力の矢野氏姓集団に対する強い対抗意識から固い結束力を図ってきた井本氏姓集団は、その紐帯の弛緩を招き一気に勢力を低下させることになった。

(6) 昭和37〜40年：部分廃村化段階での終末型の下層部からの区長選出

　昭和37年に矢野姓の区長株2戸（⑪㉘）とその非区長株2戸（㉞㊹）が高校進学問題や結婚問題と高齢化によって離村し、離村過程における階層的逆転現象が生じて明確に部分廃村化に入ったが、その段階で矢野姓⑨が区長に就任した。その⑨は元来が上層に位置していて、昭和12年に区長になったが、昭和28年の課税序列では16〜22位の中層になっていたものの、昭和32年には戸数減少によって再度区長となり、さらに昭和37年に最上層の矢野姓⑪の離村によってやむなく再々度区長となったが、昭和38年に豪雪災害後の集落維持の処理を担う区長の負担を忌避して離村した。

　その昭和38年の豪雪災害では、区長経験をもつ上層の矢野姓3戸（⑨㉕㉚）と井本姓⑯、及び戦時中の分家で非課税待遇の井本姓㊽が離村競争に走る中で、小西姓㊷が区長に就任している。その㊷はこれまでに一度も区長を輩出したことがない氏姓集団に属し、後継者の出征によって昭和22年の課税序列では26位と低かったが、復員後の犢取りや薪炭生産などによって昭和28年の課税序列では8〜15位の中層になり、豪雪災害によって集落の全面廃村化が決定的となった段階で区長の順番が回ってきたものである。

　そして、昭和39年に矢野姓の区長株㊴の周到な計画的離村によって全面廃村化への進行が駄目押しとなった時点で、矢野姓㉑が区長に就いている。㉑は戦時中に後継者が中国戦線に出征し、昭和22年の課税序列では26位の下層に位置したが、復員後に犢取りと薪炭生産や出稼ぎによって昭和28年の「国民保険料賦課額」では1〜7位の最上層となり、昭和34年に区長になった新興の中堅層で、家族構成が良くて豪雪災害による離村競争には同調しなかった。そのために、再び区長となって集落の解散と唯念寺の廃寺を取り纏め、集団離村の世話役となり、営林署への土地の一括売却と岩滝町内の公営住宅への転居手続きを指導することになった。

　さらに、昭和40年には集団離村をためらって残留を決めた小西姓㊷が集団離村後の集落保全を託されて最後の区長となった。

　このようにして、上層先行型の離村が始まると、区長職を初めとする役職には下層部の多い滞留戸の中から選任されることになるので、区長の経済的な階層が上層から中〜下層に移行する時点でもって部分廃村化の時期を特定することができるものと考えられる。

13-4-3　世屋村の役職及び村会議員の選出と区長株との関係

　親方株が早くに衰滅し、それに代わって明治・大正時代には氏姓集団内部に実務型の区長株が形成され、それが集落運営の職掌を担ってきたが、世屋村の役職や村会議員は集落間の行政的な利害の調整役となるために、駒倉においても終始一貫して集落を代表する有力戸が選出されてきた。

(1) 明治時代：区長株との重複型による氏姓集団間の均衡的な選出

　世屋村の役職には、助役として矢野姓①と井本姓⑳が各1期、村会議員として矢野姓①が2期、矢野姓⑪と井本姓3戸（⑯⑲⑳）が各1期就任しているが、その内の矢野姓の2戸（①⑪）と井本姓の2戸（⑯⑳）は共に区長株でもあった。また、井本姓⑲は区長にはなっていないが、明治33年の「村税等差評定」では井本姓⑯と同じ3～7位の上層にあったので、矢野姓の2戸（①⑪）が助役と村会議員を合わせて3期を担ったことに対抗して、井本姓からも同じく3期を担うべく⑯⑳に追加して選出されたものとなっている。

　こうして、これらの名誉職的な村政の役職の選出に当たっては、基本的には財力と家格の高い区長株が当てられ、しかも2大氏姓集団が対等的に勢力の均衡を保つように配慮されていた。

(2) 大正時代：区長株との重複型による氏姓集団間の均衡的選出の継続

　氏姓別の区長の戸数と任期年数については、氏姓集団の戸数による按分比に基づいて矢野姓5戸9年と井本姓3戸5年となっていて差があったが、世屋村の役職については収入役に井本姓⑯が1期、村会議員に矢野姓2戸（⑪⑭）が4期と井本姓2戸（⑯⑳）が3期を担当しており、そのいずれもが明治時代からの区長株であった。その内の村会議員の戸数は2大氏姓集団間で同数の2戸であるが、その就任期数では井本姓が矢野姓よりも1期少ないのは、井本姓の1戸が収入役を1期担当していることによるもので、世屋村の役職の全体的な就任期数では均衡が保たれている。

　こうして、駒倉ではこの時期においても村政の役職は名誉職で、財力と家格の高い区長株が独占し、しかも氏姓集団間での均衡的

な選出が継続していたとみなされる。

（3）昭和1〜19年：区長の選出方式とは異なる氏姓集団間での均衡型の選出方式の踏襲

　区長株制が崩れて、区長には「村税等差評定」の序列に従って困窮戸を除く全戸が輪番で就任することになったために、区長の戸数と就任年数は矢野姓9戸15年・井本姓3戸4年となっているが、村会議員には矢野姓3戸（⑪⑰⑱）10年・井本姓3戸（⑯⑲⑳）8年となっていて、戸数では両氏姓集団間で同数になっている。

　この時期には、村会議員以外には村役職への出番がなくなり、村会議員は名誉職でありながらも村政内での発言力が強く求められたので、氏姓集団間の均衡を保ちつつも、有力戸からの選出が継続している。そのために、村会議員6戸の内の3戸（⑪⑯⑳）は従来からの村会議員株が就任しており、その内では矢野姓⑪が3期、井本姓⑯が2期、井本姓⑳が1期を務めている。その他の新規参入の3戸（⑰⑱⑲）も区長経験をもっており、昭和14年の村税の課税序列では⑲が4位、⑰⑱が9〜10位の上層に位置していた。その新規参入の内の矢野姓⑰⑱は大正時代に村会議員をしていた矢野姓⑭が長男の戦死によって役職を外れたことによる代役であり、井本姓⑲も井本姓⑯が長男の戦死によって村会議員株を外れたことによる代役であって、共に氏姓集団間の戸数合わせのために加わったものである。

　こうして、この時期においても区長とは別にして、村会議員には従来と同様に家格・財力を重視する選出方式が踏襲されている上に、氏姓集団間の均衡を重視する社会体制が堅持されていたといえる。

（4）昭和20〜28年：氏姓集団間での均衡型選出の維持

　昭和29年に宮津市制に編入するまでは、区長には矢野姓5戸

と井本姓２戸が就任したが、村会議員には矢野姓２戸（⑪㉕）と井本姓１戸⑤が就任していて、これまでの両氏姓間での同数の関係よりも井本姓が１戸少なくなっている。その３戸の村会議員の内の矢野姓⑪は明治時代より村会議員を続けてきた有力戸であり、矢野姓㉕は昭和１〜19年に村会議員であった矢野姓⑰が家族構成の悪化によって村会議員を外れたことと、矢野姓㊳が区長に就任して村会議員を外れたことによる補充として登板したものであるが、その矢野姓⑪㉕は共に戦後の農地改革によって耕地所有面積が２位の１町８反３畝歩となっていた上に、区長の経験もある有力戸であった。また、井本姓⑤も昭和１〜19年に村会議員であった井本姓⑯の長男の戦死や井本姓⑳の家族構成の悪化によって村会議員を外れたことに加えて、井本姓⑲が会社電灯導入経費の負担問題で矢野氏姓集団と対立して一切の役職から手を引いたことによる補充として登板したものであるが、この場合にも昭和23年の村税の課税序列では８〜14位の上層になっていた上に、区長の経験もあって、下層部の多い井本氏姓集団の中では⑤に代わるものがいなかったことによる。

　こうして、対外的な用務を担う村会議員には、なおも両氏姓集団間で均衡型の分担関係が維持され、それぞれの集団の中から有力戸が選出されているが、その結果として役職負担が特定戸に重く圧し掛かる問題が生じることになった。とくに、井本氏姓集団ではその余力が全く枯渇していたとみられ、昭和36年に⑤がその利益代表としての負担を忌避して脱出型離村をした時点で、一気に社会崩壊が進行している。また、矢野氏姓集団においても昭和37年に最有力戸の⑪が高校進学問題を理由にして計画的離村をした時点で、その土地資産には全く買い手が付かなくなり、部分廃村化段階に突入することになったとみなされる。

14章　生業構造の変遷

14-1　水田農業の低劣な生産性

　明治23年の「土地台帳」での水田面積は木子33町8反9畝歩・駒倉27町8反8畝歩で、その1戸平均の所有面積が木子6反1畝歩・駒倉6反0畝歩となっていた。その米の反収は、世屋村役場保管の「会議一件」では大正10(1921)年～昭和10(1935)年の平均で1.9石(285 kg)とされており、また勝田均(1964)によると、木子では高冷地ゆえに秋落ちの激しさと、流水不足を補うための通年湛水に伴う土壌の通気性の悪さに加えて、施肥を区有林野の野草と厩肥・蚕滓等の自給肥料に依存していたために、大正9年には1.2石(180 kg)と低く、飯米自給さえ困難な状態であったとされている。

　同様に、今沢美喜雄(1971)によると、明治40年頃の世屋村民の食生活は米・粟・大根の雑炊が主食であったが、耕作条件の悪い駒倉では備荒食糧として栽培してきた落葉小高木のリョウブの若葉を粟粥に加えて増量していたとされ、その後の大正8年頃には養蚕の盛んな下世屋・松尾・畑では朝昼夕の別なく夏には麦入り米飯を食し、その他の季節には粟入り米飯を食していたが、駒倉では四季ともに粟6分・米4分の飯を常食とし、純米飯の食事は祝儀・法事・宴会等に限られていて、配り物として赤飯・餅・小豆飯等を用いたとされている。

　戦後には、土壌改良や農道整備に加えて、硫安・過リン酸石灰・塩化カリ等の化学肥料の投入が進み、『昭和34年度営農カード』での予想反収は木子390 kg・駒倉365 kgとなっているが、それは日本全国の平均反収500 kgの73〜78％に止まり、とくに駒倉では田地が遠隔地にあって、脱穀前の稲を驟雨の絶えない季節に天日乾燥していたので、米の品質が劣化する問題をも抱えていた。

14-2　焼畑農業の生産形態の推移

(1) 明治23年〜大正5年：雑穀・根菜栽培型の経営形態の展開

　木子では、山嶺部が玄武岩・溶結凝灰岩の火山地と礫岩地からなり、その内の肥沃な玄武岩地で焼畑を行い、地辷り性凹地底における田地・常畑の不足を補ってきた。明治23年の「土地台帳」による焼畑面積は20町5反6畝歩で、その全てが私有地となっていて、1戸平均の所有面積が3反7畝歩に及んでいた。ただ、その階層構造は7反歩〜1町5反歩の最上層が10戸(17.9％)、4〜7反歩の上層が8戸(14.3％)、1〜4反歩の中層が27戸(48.2％)、1反未満の下層が10戸(17.9％)の4層に大きく分層化していた上に、各戸の焼畑と田地の所有面積の相関係数が0.703と極めて高くて、焼畑経営が堅固な階層分化構造の維持機能の一端を担ってきたとみなされる。そこで、ここではその厳然とした階層的な分断構造を調整するために、区長が責任者となって隣接の山地集落と契約を取り交わし、ムラ仕事の形で共同作業による出作り焼畑を行ってきた。その遠隔地での出作り焼畑の耕作形態は、佐々木高明(1972)が東日本での研究によって提示した「夏焼き＝ソバ栽培型」でもって主食米の生産不足を補う雑穀栽培となっていた。

それに対して、集落の地籍内で行う焼畑の耕作形態は「夏焼き＝ソバ・蔬菜栽培型」となっていて、4年輪作でもって1年目に大根・ソバを栽培し、2年目に人参・蕪・牛蒡・粟を植え付け、3～4年目に小豆・大豆を播種し、常畑で行う菜園機能をも兼ね備えたものとなっていた。

　しかし、明治30(1897)年の森林法の制定によって、とくに明治40年の森林法の一部改正による公有林の監督強化とその法令の民有林への適用拡大によって、山林の延焼防止を理由に焼畑が禁止され、小川静風(1972)によると世屋村内では大正5年に火入れの中断を余儀なくされている。

　駒倉では、集落地籍の大部分が軟弱な火砕岩質砂礫岩の急傾斜地で、雪崩・山崩れの危険が大きく、その上に土壌の肥料分が乏しいために、裸地化して地力を収奪する焼畑の適地が少なく、焼畑の経営地は駒倉谷の約2km下流の端郷「タキワキ」近辺の玄武岩地に集中していた。その経営形態は、木子の集落地籍内での焼畑と同様にシデの疎林を盛夏に焼く小規模な「夏焼き＝ソバ・蔬菜栽培型」であったが、明治23年の焼畑面積は木子に比べて約1/6の3町5反歩に過ぎず、1戸平均の所有面積も木子の約1/5の8畝歩に止まっていた。しかも、その所有構造は1～4反歩の中層が13戸(28.3％)、1反歩未満の零細層が13戸(28.3％)、無所有が20戸(43.5％)となっていて、単純な2～3層構造をなしていた上に、各戸の焼畑と田地の所有面積の相関係数が0.296と極めて低く、焼畑経営は単に水田・常畑での低劣な食糧生産力を部分的に補完するに過ぎなかったものとみなされる。

　それ故に、その耕作形態はシデ林が豪雪環境に適応していて早く成長し、10年間の短期の休閑を置いて利用することができたので、約1反歩の所有面積でも毎年約1畝歩の火入れが可能と

なり、それを木子と同様に4年輪作で菜園的機能をもたせて経営
してきた。それと共に、1畝歩以下の零細農家は仲間を組んで数
km離れた近隣集落の山林に出作りをし、「夏焼き＝ソバ栽培型」
でもって雑穀栽培を行ってきたが、ここでも明治末期からの火入
れ禁止によって、大正末期まで焼畑の経営が中断されている。

(2) 大正6年〜昭和8年：養蚕全盛期の桑園への転換

　木子では、世屋上尋常小学校に新たに着任した校長の指導を受
けて、大正末期に防火措置を講じた小規模の火入れ許可を得て焼
畑を復活させたが、昭和2〜3年に宮津警察署長に火入れ許可の
申請書を提出した22戸の焼畑経営戸の階層構造は、親方株5戸
（①③⑥⑦⑨、○囲み数字は明治23年の水田所有面積順に付した家
番号、以下同じ）を含めて明治23年の「土地台帳」の焼畑所有面積
で7反3畝歩以上の最上層が7戸（①③⑥⑦⑪⑫㉕）、4〜7反歩の
上層が3戸（⑧⑰㊳）、1〜4反歩の中層が12戸（⑨⑭⑮⑯㉒㉗㉙㉚
㊱㊶㊹㊼）となっていた。

　その火入れの目的は、書類上では「植林地拵えの為の雑草木焼
却」となっているが、上層部では主として養蚕景気の隆盛に合わ
せた桑園開発にあったと思われ、中でも親方株の場合には子方の
労力提供やコーリョク（親族間の無償労力提供）を使って積極的に
桑園化を進めていたものとみなされる。しかし、その場合でも火
入れの時期は「夏焼き＝ソバ・蔬菜栽培型」と同じく盛夏（8月15
〜23日の晴天無風時）としていて、火入れ後の1年目に大根・ソバ
を栽培し、2年目の5月に桑を植え、2〜3年目に小豆・大豆を間
作する輪作体系をとっていた。また、1戸平均の火入れ反別も表
向きには2畝2歩と極めて零細で、その間作の経営形態は「雑穀・
根菜園型」の域を大きく出るものではなかったものといえる。

　しかし、養蚕全盛期に入ると「土地台帳」では焼畑から常畑（桑

園)への地目転換が2町9反歩あって、焼畑面積が15町6反2畝歩に減少するが、勧業統計書である『昭和8年度事実統計調書』では、この焼畑面積は桑園とみなされて畑地面積に加算されていて、焼畑地目が消滅している。

　この「土地台帳」と『昭和8年度事実統計調書』の食い違いは、地目変更の登記手続きが放置されていたことにもよるが、「土地台帳」においてはタケノコ採取を目的にする竹林の場合では特別に畑仕様にされたものを除くと山林地目に留め置かれてきたように、桑園の場合にも植栽後しばらくの間は焼畑地目に留め置かれてきたことによるものかとも思われる。

　一方、駒倉では桑園の開発は焼畑面積の狭小さもあって、主として常畑において進められ、「土地台帳」の上での焼畑から常畑(桑園)への地目変更はみられなかったが、労働力不足による焼畑から山林・原野への地目変更があって、焼畑面積は1町4反6畝歩減の2町4畝歩となっている。その上に、ここでも『昭和8年度事実統計調書』ではその2町4畝歩が桑園とみなされて常畑面積に加算されていて、焼畑地目が消滅している。

(3) 昭和9〜20年：戦時体制下における焼畑の共同出作り経営の復活

　木子では、養蚕業の衰退による桑園の放棄と労働力不足によって焼畑から原野への転換が進み、「土地台帳」での焼畑面積は7町7反8畝歩減の7町8反4畝歩に半減し、1戸平均の所有面積も1反8畝歩となった。その一方で、この時期には全国的な食糧生産不足を反映して焼畑の必要性が見直されるが、植生の回復には10年以上の期間を要するので、下層部による集落地籍内での従来からの小規模な雑穀・根菜栽培型の焼畑が継続して営まれた以外に、他集落の地籍地への「ムラ仕事」形式での共同出作りを

復活させている。その耕作形態は、遠隔地ゆえに小屋掛けによる連泊作業で木の伐採・火入れ・寄せ焼き・播種・収穫を行う「夏焼き＝ソバ栽培型」の雑穀栽培をしていた。

　駒倉でも、同様に焼畑が再び重要な食糧生産地になるが、やはり植生回復に時間がかかったので、「土地台帳」の焼畑面積は3反1畝歩減の1町7反3畝歩となり、従来と同様に仲間を組んで隣接する他集落の地籍地への共同経営による出作り焼畑を回復させている。

（4）昭和21〜29年：戦後期の焼畑の終息

　木子では、昭和26年頃からの食糧事情の改善によって補助食糧生産が斜陽化し、木炭生産・犢取り等への労働力投下が進み、焼畑から原野への転換が7町1反9畝歩（24筆）に達し、「土地台帳」での焼畑面積が6反5畝歩となり、壊滅状態になると共に、ムラ仕事としての出作り経営も昭和30年のカンランの共同栽培の開始によって廃止されている。

　駒倉でも、同様の経過を辿り、とくに出稼ぎが盛んに行われたことによって焼畑から原野への転換が1町2反7畝歩（23筆）に達し、「土地台帳」での焼畑面積は僅かに4反6畝歩にまで落ち込み、一気に減少すると共に、他集落地籍への出作りも終焉を迎えた。

14-3　養蚕・桑園開発の展開

　養蚕・桑園に関する行政統計は管見の限りでは見当たらないが、『明治20年与謝郡駒倉村沿革調書』によれば、駒倉では戸数45戸の内、農業専業2戸・賃労職兼業2戸・養蚕兼業41戸となっていて、明治初期に既に養蚕が盛んに営まれていたことが示されている。しかし、勝田均（1964）によれば、木子では大正初年に宮津市

「長江」の蚕種業者の手引きによって商業的農業としての養蚕業が始まり、最盛期には20戸ほどの養蚕戸があったとされているので、駒倉においても養蚕が本格的な生業となるのはその時期からであったと想定され、とくに第一次世界大戦の戦時景気によって重要な現金収入源になったものとみなされる。

　その際の桑園開発は、木子においては下層部では常畑からの転作を中心にして行われ、上層部では焼畑地の開墾を中心にして進められたが、その上層部によって焼畑地から転換された桑園の面積は、「土地台帳」では焼畑のままに留め置かれ、『昭和8年度事実統計調書』では常畑扱いになっていたと考えられる。

　しかし、その養蚕業も世屋村全体では隔絶環境に適した繭価の高い種繭取りを主目的にして1年3蚕の掃き立てをしていたが、木子と駒倉では高冷地環境の上に、桑園の多くが遠隔地の焼畑に分散していたために、下層部では桑葉を積極的に買い入れて春夏2蚕を行うものもあったが、殆どは夏季1蚕のみの粗放的な経営に留まっていた。

　このようにして展開してきた養蚕業も、とくに木子では桑園が遠くにあってその桑葉の収穫に多くの労力を要したので、昭和初期の繭価の大暴落で一斉に撤退して荒廃したが、駒倉では常畑からの転作を主とする小規模な経営が中心であったので、繭価の暴落後にはそれを全面的に補助食糧の生産地に戻している。

14-4　常畑の栽培作物の推移

　常畑での栽培作物は、一部の行商による直売物を除いて、多くが自家消費用であったために、その生産状況は不詳であるが、『昭和8年度事実統計調書』に示されている木子と駒倉の畑作物

は、雑穀類では大豆・小豆・粟・蕎麦、根菜類では生大根・蕪・
牛蒡・人参、土物類では甘藷・里芋、果菜類では南瓜・胡瓜・茄
子、葉菜類では葱・漬菜の 15 品目となっていた。その作物の重
量構成は、木子では雑穀類 8 ％・根菜類 76.4 ％・土物類 10.5 ％・果
菜類 3.4 ％・葉菜類 1.7 ％であり、駒倉では雑穀類 7.8 ％・根菜類
72.3 ％・土物類 9.3 ％、果菜類 6.5 ％、葉菜類 4.2 ％となっていて、
ほぼ類似していたが、その生産量の合計は木子が 111.464 kg、駒
倉が 26.641 kg で両者の間に大差があった。その差は、木子の生
産量の中に 1 戸平均の所有面積で駒倉の約 6 倍あった「焼畑」に
おける生産量が加わっていたことによるものと思われる。

　実際に、大豆・小豆・蕎麦・粟・生大根・牛蒡・人参・甘藷・里芋
は典型的な焼畑作物であり、その結果『昭和 8 年度事実統計調書』
での木子の「生大根」の生産量が駒倉のそれの 4.5 倍にも上って
いたものとみられる。一方、蕪・南瓜・胡瓜・茄子・葱・漬菜等の
果菜・葉菜類は、普通には常畑において菜園様式によって栽培さ
れるものであるが、その生産量も駒倉では木子の約 50 ％に過ぎ
なかったことは、焼畑の少ない駒倉では常畑における主食補助作
物の栽培比率が高かったことと、常畑から桑園への転換が多くて
菜園型作物への労働力の投下が減じていた結果とみなされる。

　そうした経営状態の中で、駒倉では昭和 30 年以降には生業の
主軸が薪炭生産に傾斜すると共に、その薪炭を出荷する荷車に同
乗させる小規模な商品作物の栽培が拡大することになった。この
時期には、丹後の機業地で薪炭需要が増加したが、薪炭は重量物
であるために道路事情の悪い駒倉では下世屋に営業地がある「世
屋農業協同組合」を迂回せずに、各戸が個別に需要地の岩滝・加
悦谷方面に直結する「五十河道」を荷車で直売りする方式を取っ
ていたので、その荷駄に自家栽培の農作物を積んで行商するよう

になった。それによって、栽培作物の品目も昭和33年度の秋播きでは大根8種・蕪3種・白菜7種・壬生菜1種・春菊1種・法蓮草2種・葱1種・橄欖1種等の多種類となっており、昭和34年度の春播きでも茄子1種・真桑瓜2種・西瓜2種・牛蒡2種・大根2種・人参2種・白菜1種・法蓮草1種等に及んでいて、従来の自家消費的な機能からローカルな小規模市場向けの小商品生産機能に転じる傾向を示すようになった。しかし、昭和35年頃には薪炭業が完全に壊滅し、さらに地方町の商店街でスーパー型の中規模店舗が開業し始めると、そうした小商品生産型の畑作経営が終息することになった。

　一方、木子では昭和30年に京都中央卸売市場に出荷する「夏出しカンラン」の共同経営に着手したために、畑作の中心がカンラン栽培に転換していった。

14-5　カンラン栽培の導入と撤退の顛末

　カンラン栽培の導入は、昭和26年頃からの焼畑農業の衰退による最上層の経済力を挽回させるために、昭和29年に編入した宮津市からの進言と「京都府経済農業協同組合連合会」の指導によって、昭和30年に「世屋農業協同組合」の主導のもとで傘下の上世屋・下世屋・松尾・東野・木子・駒倉に参画を促して実施されたものである。しかし、その内の下世屋・松尾・東野・駒倉では個人での参入となり、木子と上世屋では共同経営の形態をとって参入した。

　木子では、大正11(1922)年の「部落有財産統一事業」によって登記簿上では個人所有地としながらも、実質的には世屋村有への移管を回避した後に記名共有地として隠匿していて、昭和9年

に京都府の助成金によって肥料採草地・牛放牧地に改造した小字「ソウブ」の「区有」原野 10 町歩を、各戸から家族構成に応じて供出させた労役で畑地に開墾した。さらに、その経営に当たっては各戸の働き手が総出でムラ仕事として栽培・出荷作業に臨み、4 月から夏の終わりまで畑打ち・溝造り・施肥・苗作り・消毒・移植・農薬散布・箱造り・取入れ・土落し・重量測定・箱詰め等々の非能率な重労働に休みなく精を出したが、作物の出来映えは土壌の悪さと技量不足が重なって規格落ちするものが多く、さらに 3 割程度が不合格品となって廃棄されたために、利益を出すことができずに配当無しの状態が続いた。

　「京都府経済農業協同組合連合会」の事前の説明では、カンラン栽培による利益は 1 反歩当たり 8 万円で、当時の世屋地区の一般家庭の 1 カ月分の生活費が約 1 万円であることに比べると極めて有利な事業であると喧伝され、農民の関心はカンラン熱一色に塗り潰されることになった。しかし、現実的には「京都中央卸売市場」での売上金の約 63 ％が運賃・市場手数料・農協手数料・箱代等で天引きされ、昭和 32 年度に木子が「世屋農業協同組合」から受け取った経費差引支払金額は 401,872 円に止まり、木子で同年度に白炭を専業的に生産した 3 戸が農協から受け取った年間の委託販売額 435,450 円にも満たなかった。それにもかかわらず、木子では親方株の強力な統率力によって全戸が結束して作付面積の拡大に力を注ぎ、1 反歩当たりの差引支払金額が昭和 32 年には他の集落を圧倒して 31,900 円とし、さらに昭和 33 年には 55,463 円に伸ばしているが、そこから肥料・農薬代を差し引くと殆ど労賃も出ない状態になっていた。

　上世屋でも、農業協同組合長の出身地としての主導的な立場から積極的に共同事業として参入し、木子と同様の経過を経て牧草

地に改造していた小字「イザサ」の原野10町歩をムラ仕事で開墾
したが、小川元吉（1972）によれば、上世屋には当初から商品市
況に詳しい見識者が多く、また中国方式の人民公社感覚による共
同経営に対する不満が根深かった上に、その過重な負担への不
満が鬱積して個人経営での参入戸が生じたために、昭和33年の
1反歩当たりの差引支払金額は木子よりも遥かに低い37,920円に
止まっていた。

　それに対して、駒倉では共有原野がなかったことに加えて、平
準な社会的・経済的な階層構造との関係で圧倒的な統率力をもつ
有力者がいなかったため、共同経営形態での参入は成立しなかっ
た。それにもかかわらず個人経営での参入をみたのは、それまで
に「世屋農業協同組合」への委託販売を目的にして行ってきた個
人経営による「こんにゃく栽培」が3〜4年の長期輪作を必要とし
たために、その間作としてカンランが有望視されたという事情が
あった。

　そうした状況の中で、昭和34年に信州の「野辺山」などから優
良品が大量に大都市市場に流入し、世屋カンランの1反歩当たり
の差し引き支払金額が7,000円前後に暴落し、さらに木子では昭
和34年の大火による大量の労働力の流出があったために、昭和
35年には遂に完全撤退を余儀なくされることになった。

　こうして、木子と上世屋では、経営感覚の乏しい観念的で理想
主義的な価値判断をもつ農協・役場関係者の主導のもとに、旧弊
の封建的な村落共同体組織でもって、規模の優位性を追求する先
端的な流通機構に編入されている大規模商品の生産活動に突入し
たことによって、その進出も消滅も瞬時的に進行したものとみな
される。

14-6　薪炭生産の経営形態とその変遷

14-6-1　高度帯別にみる林地の利用形態

　木子と駒倉の山嶺には標高500m以上にイヌブナの原生林が
あったが、ブナは乾燥すると歪みを生じるので木地物や建材には
向かず、また燃え尽きやすいので製炭材にも不適であるために、
主として焼畑に利用されミズナラなどの二次林に遷移している。
その下位の標高200〜500mの暖帯落葉樹林帯では、殆どの樹木
が一般家庭用に加えて、大正5年頃〜昭和35年頃に活況を呈し
た機業地における需要に喚起された業務用の薪炭生産に利用され
てきた。しかし、その生産地は薪の場合には重量物のために自家
用以外では荷車の通行が可能な道路沿いの谷底部に限定され、重
量軽減率の高い木炭の場合にのみ傾斜地や奥地にも及んだが、そ
の場合でも車道までは人畜による搬出が必要であり、また炭窯ま
での人の往復に手間が掛かるので、一般には集落から遠隔地にま
で広がることは少なかった。

　その内の製炭の営業形態は、通常では田植え前の約1カ月間に
択伐あるいは小面積での皆伐を行い、夏に伐採した木の乾燥と炭
窯の整備をして、需要期前の秋から積雪期までに焼くことになる。
その際に、持山では皆伐して伐採跡地を優良なコナラの純林に仕
立てることが多いが、買山では択伐によってクリやカエデなどの
不良樹種を放置するので、生産性の低い炭山になっている。

　また、標高200m以下の照葉樹林帯では、機屋の撚糸用の釜焚
きに使う熱量の高いカシが伐採されて、アカマツの疎林に遷移し
てきている。しかし、その場合にも昭和30年頃からの燃料革命
によって需要が激減して、雑木林に戻りつつある。

14-6-2　薪炭生産の経営形態の変遷

　商品としての薪炭の用途には一般家庭用と業務用があるが、その出荷先はいずれの場合にも山林面積の狭小さと、搬出条件の劣悪さから近隣地域に限られてきた。その内、一般家庭用の雑薪や黒炭の生産は藩政期以来の長い歴史をもつが、昭和30年頃からの石油コンロの使用と、昭和35年頃からのプロパンガスの普及によって、昭和37年頃には全滅している。一方、業務用には大正時代から工場制機業の発展に伴って火力の高い白炭や、生糸の撚糸に使うカシ・アカマツの規格薪が生産されてきたが、共に昭和33年頃からの重油ボイラーへの転換によって一気に衰滅している。

　その内の白炭の生産量は、『世屋村事実統計調書』によると、昭和8年には木子6,583貫(4貫俵で1戸平均35俵)・駒倉3,050貫(同1戸平均20俵)となっていて、木子の生産量が駒倉に比べて約2倍に達していた。その数量の差は、大正11年の「公有林野統一事業」によって世屋村に委譲された地籍を除く山林原野の面積が木子39町3反3畝歩・駒倉25町3畝歩となっていて、木子の面積が駒倉の約1.6倍に止まっていたことからみると、木子にはやや多くの専門的な製炭従事者がいたことを示しているように思われる。

　その後の生産統計は、駒倉では交通的な位置環境との関係で個人的な直販方式をとっていたために補足することができず、さらに木子においても黒炭については個別販売をしてきたので確認できないが、木子の白炭と雑薪に関しては昭和28年から「世屋農業協同組合」に委託販売をしているので、その販売元帳によって生産額の変遷過程を辿ることができる。

　それによれば、木子の薪炭の販売額は昭和28年に普通薪(雑

薪）50,400円・白炭221,800円、昭和29年に普通薪59,700円・白炭
555,240円、昭和30年に普通薪80,700円・白炭445,755円となっ
ていて、白炭が普通薪の4.4〜9.3倍を占めていた。それに加えて、
昭和31年から業務用の規格薪の販売も始まるが、高所に位置す
るために規格薪に適するカシ等が不足してナラなどの雑木を使っ
たので、その単価は普通薪とあまり差がなかった。そこで、その
規格薪と普通薪（雑薪）を合わせた薪の合計の販売額と白炭の販売
額を比較すると、昭和31年に薪158,528円・白炭387,565円、昭
和32年に薪459,402円・白炭570,290円、昭和33年に薪236,200
円・白炭398,385円となっていて、この間においても常に白炭が
薪の1.2〜2.4倍を占め、軽量で高価な白炭の生産が薪炭生産の主
流をなしてきたといえる。

14-6-3　白炭の生産形態

　木子での白炭の生産量は、昭和28年に2,684貫、昭和29年に
6,432貫、昭和30年に7,672貫となっており、その後も昭和31年
と32年を除くと昭和33年までは年間6,500〜8,000貫であった。
　この昭和28〜34年に白炭生産に従事したのは合せて13戸で、
その階層構造は昭和27年の山林原野の所有面積で1町5反〜3町
歩の上層が5戸（③⑨⑪⑭⑱）・1町〜1町4反歩の中層が3戸（⑯㉕
㊺）・7畝〜4反歩の下層が5戸（㉖㉛㊻㊼㊽）の3層になっていた。
しかし、その内の上層3戸（⑨⑪⑱）・中層2戸（⑯㉕）・下層2戸（㉛
㊻）は1〜2年の一時的な稼働に止まり、恒常的に従事したのは上
層2戸（③⑭）・中層1戸（㊺）、下層3戸（㉖㊼㊽）の6戸に過ぎなか
った。
　白炭の製造工程では、炭窯を冷まさずに連続して焼くために、
作業員は火入れ後には現場を離れることができず、集落から離れ

て孤独な生活を続ける厳しい業務を強いられた上に、専門職的な技能を求められたので、従事者が限定されていた。しかも、年間600俵の生産を挙げるには2町歩以上の山林が必要となるので、上層部といえども毎年続けて相当量を出炭するには自家山のみでは足りず、他家から炭材を購入しなければならないために、上層の中でも継続して生産したのは2戸（③⑭）のみとなっている。一方、中・下層部では炭材の購入費の負担が大きくて収益が非常に低かったが、田地の所有面積が少ないために、厳しい仕事ながらも重要な副業として継続するものが多かった。

　それ故に、その下層部5戸（㉖㉛㊻㊼㊾）の昭和28〜33年における1戸平均の年間出荷額は36,863円で、この6年間に連続して出荷額第1位となっていた中層㊺の年間出荷額234,004円の僅か15.8％に止まっており、また上層5戸（③⑨⑪⑭⑱）の平均出荷額45,460円よりも低くて、買山依存型の製炭業の限界を示していた。

　こうして、買山製炭者にとっては常に炭材購入費の入手が難題となっていたが、この時期には「世屋農業協同組合」がその費用を炭代金の前渡し（実質的には前貸し）の形で支払ったので、高利貸し等による資産の抵当流れの問題を生じなかったことによって、下層部からの参入が可能になったものといえる。

　そうした状況の中で、連続して出荷額第1位を保った中層部㊺は、田地所有面積が43戸中の38位で、4反1畝歩に過ぎなかったために、小作農業と犢の出荷を兼ね合わせながら、白炭生産を専業的に営んでいた。その稼働形態を月別の出荷状況でみると、小作農業を営んでいたので6月の田植え期と10月の稲刈り期には出荷額が落ちているが、炭価が暴落した昭和33年以外の年には、所有農地の不足と白炭の需要期の特性から概ね1〜4月の積雪期を除き、一種の通年稼働型でもって炭焼きに従事して、年間

630〜950俵を出荷してきた。そして、昭和33年には炭価の下落を補うために1,051俵を製炭したが、1町歩程度の持山だけでは操業できずに、炭材の殆どを買山に依存しなければならなかったので、その収益は低く抑えられていた。

　白炭の炭価は、主として業務用なので家庭用の黒炭ほどには激しく変動していないが、季節的には4〜8月に安く、需要期に向って次第に上昇し、12月に最高となっている。また、年次的には景気変動や燃料革命の影響を受けて、集落内で最高品質の白炭を出荷してきた㊺の場合でも、1俵（4貫俵）当たりでは昭和28年に330円、昭和29年に310円であったものが、昭和30年に254円に急落し、昭和31年に292円、昭和32年に377円へと回復したものの、昭和33年に再び233円に暴落している。

　この炭価の値崩れを月別の経過でみると、昭和30年の急落時には年初から低迷していたが、昭和33年の暴落時には前年の最需要期直前の11月に突然77％にまで低落し、生産戸に大きな衝撃を与えた。そうした価格の急落によって、昭和31年に2戸（⑪⑯）、昭和32年に1戸㉖、昭和33年に1戸㊻、昭和34年に大火の影響もあって6戸（③⑨⑭㉕㉖㊾）、昭和35年に2戸（㉛㊼）が生産を停止している。それらの生産戸の撤退に対して、㊺は昭和34年には従来からの稼動形態を変えて、昭和30年の炭価急落時以外には行っていなかった形で4月から炭焼きを始め、翌年3月までほぼ完全に周年製炭をして、過去最高の1,051俵を出荷している。しかし、その昭和30年の「農業協同組合」の受託販売額は対前年比90％の244,725円に止まり、さらに昭和34年には前年比25％の61,740円にまで減少している。それにもかかわらず、㊺が準廃村化以降にも残留して、昭和59年に老衰によって世帯合併型離村をするまで白炭焼きを続けたのは、長年にわたってオ

オヤ①との親方子方関係を通じて受けてきた炭材の特配に対する恩義を無下にすることができなかったためと思われる。

14-6-4　規格薪の生産形態

規格薪の生産は、重量物のために搬出の容易な交通条件が必要で、しかもカシ等の照葉樹を適木とするために山麓集落に有利な産業であるので、その点で圧倒的に不利な立地条件にあった木子では、漸く昭和31年になって撚糸工場への出荷景気に触発されて参入したものである。しかし、昭和34年には大火による戸数減少と燃料革命による需要減によって撤退しており、僅かに4年間だけの稼働に止まっている上に、その昭和31〜34年の出荷戸も、途中からの参入を含めて9戸に過ぎなかった。それら9戸の昭和27年の山林原野所有面積での階層構造は、1町5反〜2町6反歩の上層が4戸（③⑥⑨⑫）・1町〜1町4反歩の中層が2戸（②⑰）・7畝〜2反2畝歩の下層が3戸（㉖㉝㉟）となっていて、白炭の出荷戸が下層部にやや多かったのに対して、上層部への偏りがみられた。その9戸の中で規格薪と白炭の生産を重複させていたのは、上層の2戸（③⑨）と下層の1戸㉖のみで、利用する山林の場所の違いから、規格薪と白炭の生産戸は基本的に分離していたと思われる。

それらの年間の平均販売額は、上層では23,684円、中層では14,084円、下層では㉝の47,600円以外が4,942円となっていて、全体として集落で主流となるほどの適正産業ではなかった。それ故に、出荷時期も白炭のような周年型ではなく、昭和31年には3戸（⑫⑰㉟）が4月、4戸（②⑥⑨㉝）が8・9・12月となっていて、兼業性の強い農閑期型産業となっていた。

その規格薪の1束当たりの単価は、木子では対象木が火力の弱

いナラや雑木であったので、昭和31年には25〜28円と安く、昭和32年には早くも5戸（②⑫⑰㉝㉟）が脱落して、代わりに上層③と下層㉖が参入している。その後、単価は昭和32年5月以降に30〜33円へと上昇したものの、昭和33年には再び25円へと一気に低落し、抵抗力のない生産戸が一斉に撤退して、昭和34年に潰滅した。

14-6-5　雑薪の生産形態

　雑薪の生産は、一般家庭用として古くから営まれてきたが、「農業協同組合」に委託販売を始める昭和27年以前には燃料問屋などに個別に直販していたので、その期間の統計資料は見当たらない。

　昭和28〜34年の「農業協同組合」への委託販売戸は12戸（③⑤⑥⑨⑫⑭⑰⑱㉖㉟㊳㊹）で、それらの昭和27年の山林所有面積による階層構造は、1町5反〜2町6反歩の上層が7戸（③⑤⑥⑨⑫⑭⑱）・8反〜1町4反歩の中層が3戸（⑰㉟㊳）・2反2畝〜2反6畝歩の下層が2戸（㉖㊹）となっていて、持山の多い上層部に多かった。ただ、その内の上層3戸（⑤⑨⑫）・中層1戸⑰・下層1戸㉖は昭和31年に家庭用薪炭需要の低迷によって一斉に規格薪生産に転向し、昭和32年には7戸となった。雑薪の出荷時期は概ね5〜10月で規格薪の出荷時期とほぼ重なっており、上層部であっても雑薪と規格薪の生産のどちらか一方のみに副業として参入していたとみられる。

　雑薪1尺当たりの単価は、品質に乱れがあって値幅に差があるが、その最高値では昭和28年360円・昭和29年380円・昭和30年320円・昭和31年420円・昭和32年390円・昭和33年330円となっていた。この単価の年度間における振幅は、白炭の場合

に準じていて、昭和30年には前年の84％にまで急落し、昭和31年には4〜5月に上昇しているが、6月に下落し、昭和32年には5〜6月に再び上昇に転じて10月に390円の高値に戻したものの、12月には白炭と同じく下落している。さらに、昭和33年には昭和30年の急落した水準にまで低落し、遂に昭和34年5〜6月でもって出荷を停止することになった。

14-7　犢取りの導入と展開

14-7-1　牛の飼育形態

　牧畜以外での牛馬の飼育は、近代以前においては一般的にはこれらを役畜・糞畜として使用するものであり、生産力の低い稲作を補完する農業と一体的な生業であったといえる。役畜としての用途には耕起用と運搬用があるが、馬は足が速くて力が強いので駄獣としては優れているものの、胃が一つで反芻しないために餌を多く必要とし、また奇蹄で一本指に蹄鉄をつけるので山道や雪道での荷運びには不向きという難点をもっている。それ故に、草地が狭小で飼料が少なく、急傾斜地が多くて冬期には多雪気候となる「世屋山地」では飼育の対象とはなってこなかった。これに対して、牛は反芻動物で飼料効率が高く、悪路の駄獣としても適しているので、木子や駒倉では共に長らく力の強い牡牛の飼育を行ってきた。

　糞畜としては、牛の堆肥は発酵温度が低くて、低温な土壌では馬糞に比べて肥料効果が落ちるが、高冷地においては緑肥や落葉の分解速度が遅くて慢性的に肥料不足の状態となっているので、高価な金肥に依存できない僻地の集落では牛糞の重要性が高かった。ただ、牛は寒さに弱いので、市川健夫(1984)が提示する東日

本のブナ帯文化圏でみられるような母屋内に牛の寝場所を配置する「内マヤ方式」でもって一頭飼いをされるに留まっていた。

　牛の飼育頭数は、今沢美喜雄（1972）によると、駒倉では明治41年には牡牛20頭（内、子牛2頭）・牝牛2頭となっていて、集落戸数42戸に対する飼育戸数の比率が52.4％に達していた。また、『昭和8年事実統計調書』によると、駒倉では牡牛24頭（内、子牛1頭）・牝牛5頭（内、子牛1頭）となっていて、昭和8年の集落戸数35戸に対する飼育戸数の比率は77.1％に上昇し、ほぼ全戸が飼育するようになっている。また、木子でも昭和8年の「事実統計調書」では飼育頭数が牡牛34頭（内、子牛3頭）・牝牛8頭となっていて、集落戸数46戸に対する飼育戸数の比率が84.8％とさらに高くなっていた。この木子と駒倉の間にみられる成牛の飼育戸数比（木子59.1対駒倉40.9）は、昭和8年の「土地台帳」での田地面積比（木子58.4対駒倉41.6）に相応しており、牛の飼育頭数が飼料・寝床用の稲藁の生産量の基礎になる水田面積に規定されていたことをよく示している。

　また、牡牛の飼育が中心となっているのは、米・薪炭等の牛背による運搬需要が大きかったことと、牡牛の購入費が牝牛に比べて安価であったことによっている。その上で、飼育戸数の比率が100％になっていないのは、牡牛は力が強くて駄獣には適するが、女性や子どもには扱い辛いことや、牝牛に比べて多くの餌を食べるので飼料の確保に人手が必要である上に、冬期間に踏み固められた厩肥のマヤ（馬屋）出しが重労働となるために、家族構成の状態によっては牡牛さえも飼育できないという事情があったことによる。

14-7-2 犢生産への転進

　第二次世界大戦後は、道路改修によって牡牛による荷駄需要が減少し、さらに新たな現金収入源の確保のために犢取りを主目的とする牝牛の飼育への転換が起こった。また、昭和29年には犢の販売方式が従来の博労経由から「世屋農業協同組合」委託に変わり、近代的な出荷体制が整備されて牝牛の飼育が促進されることになった。

　犢の販売単価は、戦後の国民所得の増加や食生活の多様化による牛肉の消費増を反映して、昭和28年には牝・牡平均で1頭当たり約37,000円の高値になっている。その後は不景気によって白炭・雑薪などと共にその単価が下落して、昭和29年に約30,000円、昭和30年に約20,000円にまで低下するが、昭和32年から反転して約33,000円に回復し、昭和33年に約36,700円、昭和36年に約45,000円に達して、昭和39年の牛肉輸入枠の拡大政策への転換によって暴落するまで堅調に推移し、犢生産が山地集落にとって必須の産業となり、とくに昭和35年以降の薪炭業の壊滅以後には唯一の現金収入源となった。

　ただし、生産戸の手取り金額は、落札額から市場手数料4％・登記料200円・首輪代70円等の必要経費が徴収され、さらに農業協同組合への手数料1.5％・世屋農業協同組合から与謝農業協同組合連合会への改組歩合金0.05％・おもがい代110円・運賃230円・天引き貯金10％等が差し引かれた上に、種付け料・出産前に与える濃厚飼料代・獣医師への謝礼等にも費用が掛かるので、各戸の実収入はかなり低くなっている。

　加えて、牝と牡の市場での競落金額には大差があり、また個体差によっても落差があって、1頭飼いの生産戸にとっては常に市況の変動だけではない不確実さを伴っていた。木子と駒倉を合わ

せた1頭平均の牝と牡の価格差は、昭和29年に牝42,291円・牡13,312円、昭和30年に牝29,489円・牡10,233円、昭和32年に牝43,410円・牡19,620円、昭和33年に牝46,220円・牡21,859円となっており、肥育牛の需要が高まる昭和36年には牝61,495円・牡35,803円となってその差が2倍弱に縮まっているが、それ以前には3〜4倍の差が常にあって、生産戸の収入が運・不運に大きく左右されていた。

14-7-3　犢生産戸の階層性と出荷実績にみる離村動向との関係

　昭和29年の集落戸数に対する牛の飼育戸数の比率は、木子83.3％・駒倉71.9％で、昭和8年の木子84.8％・駒倉77.1％と殆ど変わらず、大多数が牛の飼育に携わってきた。そうした状況においても牛を飼育していないものが、木子には7戸(㉗㉚㊱㊴㊸㊻㊽)あったが、その内の㉗は戸主の戦死による老人女性世帯、㉚は男子単身の大工兼業世帯、㊱は復員軍人世帯、㊴は所有耕地が僅少の世帯で昭和29年に離村、㊸は後継者の戦死による老人女性世帯、㊻は病弱の男性一人世帯、㊽は戸主の戦死による女性世帯となっていて、単身・女性世帯以外のほぼ全戸が牛を飼育していた。

　また、駒倉には牛を飼育していないものが8戸(①⑥⑫⑭⑳㉖㊵㊷)あったが、その内の①は老人女性の一人世帯、⑥は女性世帯で昭和37年に入夫によって飼育を開始、⑳は女性戸主の生活保護世帯、㉖は老人男性の一人世帯で昭和29年に離村、㊵は両親死去による子ども世帯、㊶は老女一人の生活保護世帯、㊷は復員軍人世帯で体力の回復により昭和36年に飼育を開始となっており、ここでも女性世帯や老人世帯以外のほぼ全戸が牛を飼育していた。

　それらの飼育戸の犢の出荷実績は、飼育技能と偶然性によって大差がみられ、昭和29〜36年の「農業協同組合牛代金清算書」の記載で牝犢を3〜5回出荷したのは、木子では7戸（①④⑳㉙㉜㉟㊳）あって飼育戸の20.6％を占め、駒倉では3戸（⑱㉗㉙）あって飼育戸の12.5％を占めていた。これに牡犢の最高値と2番値を2〜3回出荷した生産戸を加えると、木子では11戸（①④⑧⑨⑳㉙㉜㉟㊳㊷㊹）、駒倉では5戸（⑰⑱㉗㉙㉚）が優等飼育戸となっており、全体的に田地の多い木子では篤農家による優れた飼育管理がみられたといえる。

　その結果、木子では犢生産力の高い11戸の優等飼育戸が継続的な高収入によって経済的な安定性を保ち、昭和34年の大火の際にも火元の⑧と女性戸主世帯の㉜が即座に離村したが、その他の類焼した4戸（①⑳㉙㊳）は母屋を再建して残留する姿勢を強く示していた。しかし、犢価格が暴落した昭和39年に4戸（⑨⑳㊳㊹）が、続いて昭和40年に1戸④が離村して、準廃村化段階に突入している。もちろん、それらの離村は直接的には犢価格の暴落によって誘発されたものであると共に、その暴落が後押しとなって営林署への山林原野の個別売却が承認されたことによって生じた離村競争に誘引された側面を強くもっていたが、それによってもなお4戸（①㉙㉟㊷）が滞留し、中でも最も熱心な篤農家であった①㉟は廃村化の奔流に徹底的に反抗して、全面廃村化まで残留するという底力を示すことになった。

　一方、駒倉では優等飼育戸の5戸は昭和37年の部分廃村化の開始期までは不動の地位を保ち、昭和38年に㉚が豪雪を機に脱出型離村をして離村競争を先導し、昭和39年に㉙が犢価格の暴落と離村競争に直面して集落の解散決議に同意して率先して脱出型離村をしているが、⑱㉑は昭和40年の集団離村まで残ってお

り、㉗は昭和48年まで育牛を続けて最終の離村戸となっている。

　一方、飼育不参入戸の離村動向については、木子ではその7戸の内の2戸(㊱㊴)は復員軍人世帯と耕地所有面積の少ない中・下層戸で、共にカンランの共同栽培が始まる前年の昭和29年に階層分断型の社会に反撥して脱出型離村をした。また、2戸(㊸㊽)は後継者の戦死による老女世帯で、昭和34年に大火の類焼で脱落型離村をし、さらに昭和36年に大工兼業の男性一人世帯㉚が大火による離村戸に同調して大工仕事の多い岩滝に脱出型離村をしている。その後、家族構成の極端に悪い2戸が残留していたが、その内の戸主の戦死による高齢女性の一人世帯㉗が昭和39年に世帯合併型離村をし、土木請負業の高齢男性の一人世帯㊻が昭和46年に死亡廃絶している。

　一方、駒倉では飼育不参入の8戸の内、2戸(⑫㉖)が昭和29年に家族構成の悪化による家計の不調で機業景気の復興によって就職機会が増えた岩滝に転業型離村し、昭和30年に老女一人世帯①が死亡廃絶し、昭和33年に両親の死亡による子ども世帯㊵が中学校卒業により就職離村をした。その後、昭和38年に生活基盤の脆弱な入夫世帯⑥が豪雪による離村競争に遭遇して放擲型離村をして、3戸(⑭⑳㊶)が昭和40年の集団離村まで残ったが、その内の⑭は後継者の戦死による下層部の木炭焼き子稼業世帯であり、⑳も女性戸主の生活保護世帯であった上に、㊶も復員軍人の病死による老女独居世帯であって、いずれも離村手段をもたない滞留戸であった。こうして、牛の飼育から離れていた不参入戸は、多くが耕地所有面積でも下層部に位置し、さらに家族構成の悪化と経済的困窮によって五月雨的に早期から離村してきたといえる。

　また、牡犢のみの出荷が続いた不遇な飼育戸の離村動向については、木子では7戸の内の㉒が昭和29年に因習的な親方支配の

社会秩序から離反して脱出型離村をし、2戸(⑫㉖)が昭和33年からの薪炭価格の急落と犢取りからの収入の不調による家計の悪化に加えて、大火の類焼により将来展望を失って昭和34年に生業崩壊型と突発的事故型の離村をした。また、2戸(⑯(52))は昭和36年からの肥育牛需要の上昇によって持ちこたえてきたが、昭和39年に犢価格の暴落に直撃された上に、営林署への山林原野の売却契約の成立によって生じた雪崩的離村に翻弄されて放擲型離村をした。そして、後継者がこの雪崩的離村に同調して離村した高齢化世帯の2戸(⑩⑭)が昭和42・43年に世帯合併型離村をしている。

一方、駒倉では牡犢のみの出荷となった不遇な飼育戸4戸の内の⑤は一度最高値の牡犢を出した最上層部の篤農家で、昭和36年には牡犢の価格上昇に恵まれながらも同じ氏姓集団内からの度重なる区長職の負担に耐え兼ねて脱出型離村をしている。また、2戸(⑯㊾)は昭和38年に豪雪災害による離村競争に翻弄されて放擲型離村をしているが、共にパルプ業者の木炭焼き子稼業に従事していた最下層で、その内の㊾は既に昭和33年に、⑯は昭和36年にそれぞれ牛の飼育を止めていたもので、木炭焼き子稼業の閉塞による生業不全が離村の主たる理由となっている。その結果、昭和40年の集団離村まで残留したのは入夫の離別により病弱な女性戸主世帯となって移動手段を失っていた1戸㉒のみとなっていた。

このようにして、戦後には牝牛飼育による犢取りが重要な生業となり、優等飼育戸は遅くまで残留したが、犢生産への不参入戸や牡犢のみの出荷が続いた不遇な飼育戸は早期に離村し、薪炭業の壊滅によって唯一の現金収入源となっていた犢生産の成否が各戸の離村動向に大きな影響を及ぼすことになった。その上で、昭

和39年の牛肉の輸入枠拡大への政策の転換による犢価格の暴落
と、「世屋農業協同組合」の委託販売業務からの撤退に直面して、
優等飼育戸の中からも一気に離村が進み、全面廃村化に突入する
ことになったものとみなされる。

15章 部分廃村化段階までの戸数縮小化の形態

15-1 木子の固定型と駒倉の縮小型

　木子と駒倉は、共に昭和37年に部分廃村化段階に突入するが、明治23(1890)年〜昭和36年の73年間の戸数変化は、木子では55戸から28戸に49.1％の減少、駒倉でも46戸から26戸に43.5％の減少となっていて、近隣の微小集落「東野」の廃村化過程での完全な固定型ではなく、いずれも大集落に特有の縮小型を呈して

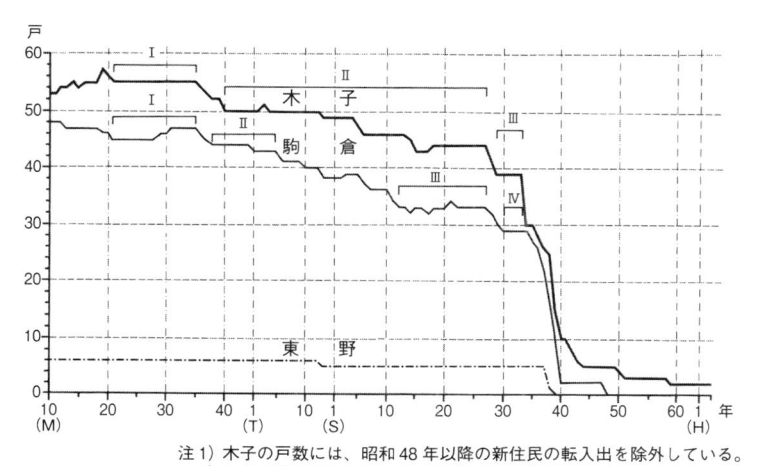

注1) 木子の戸数には、昭和48年以降の新住民の転入出を除外している。
　2) Mは明治、Tは大正、Sは昭和、Hは平成を示す。
　3) I・II・III・IVは戸数の固定期を示す。

図8　木子・駒倉・東野の戸数減少過程の比較

いた。しかし、その戸数規模の縮小形態は、**図8**のように、固定期と縮小期が混在する混合型をなしていて、しかも木子と駒倉との間にはその固定期の時期・期間、及び縮小期の縮小規模等に著しい相違点がみられた。

　その戸数規模の縮小過程においては、木子では明治20（1887）〜35年に第Ⅰ期の固定期があり、次いで明治36〜40年に下層部5戸の脱落型離村をみる第Ⅰ期の縮小期があった。その後、明治41年〜昭和27年の間には、大正1〜14年に家族構成の悪化による廃絶型離村2戸、及び昭和1〜6年に大正末期の大火に起因する下層部の脱落型離村3戸をみる小規模な縮小期があり、さらに昭和14〜15年に死亡廃絶2戸、及び昭和19年に台風災害時の家族構成の悪化による廃絶型離村1戸をみる小規模な欠落期を挟んだが、全体としては長期に及ぶ第Ⅱ期の固定期が続いた。戦後には、昭和28〜29年に親方株支配の因習的な社会から離脱する脱出型離村5戸があって第Ⅱ期の縮小期を迎えたが、昭和30〜33年に再び短期間の固定期があり、昭和34〜36年には昭和34年の大火による下層部の脱落型離村11戸をみる第Ⅲ期の縮小期が現れている。

　一方、駒倉では端郷の「タキワキ」を含めて、明治20〜35年には結婚廃絶1戸以外に欠落のない第Ⅰ期の固定期があり、明治36〜45年に最下層部で廃絶・破産型離村3戸を生じた第Ⅰ期の小規模な縮小期があった。その後、大正1〜5年に短期間の第Ⅱ期の固定期があったが、大正6〜14年には多発する水害による破産や僻地環境を忌避して最上層と中核層から後継者の単身離村2戸を含む7戸の破産型欠落を生じた第Ⅱ期の本格的な縮小期を迎えた。さらに、昭和1〜5年には養蚕景気等による短期間の休止期をみたが、昭和6〜12年には再び水害等に起因する破産型離村4

戸と単身離村1戸、及び高齢化による死亡廃絶2戸を生じた第Ⅲ期の縮小期に突入している。その後、昭和13～28年には戦中・戦後の社会・経済の混乱や戦後の農地改革による資産力の改善等によって第Ⅲ期の固定期が訪れるが、昭和29～30年には社会経済の回復に合わせて下層部からの脱出型離村2戸と死亡廃絶1戸が生じて第Ⅳ期の縮小期を迎えている。その縮小期は昭和31～32年の短期間の休止期を挟んで昭和36年まで続いている。昭和33～36年には際立った災害はなかったが、家族構成の高齢化による脱落型離村1戸と最上層部からの集落離反型の脱出型離村2戸が生じて、部分廃村化の先駆的段階の様相を呈することになった。

こうして、木子では明治36年から昭和34年の大火までの長期間にわたって、時には小規模な縮小期を階段状に挟みながらも、全体的には固定型に近い状態を維持し、それが守旧的な集落構造を温存させる条件となった。一方、駒倉では明治36年以降に水害の多発と僻地環境を忌避する縮小期がスロープ状に長期的にわたって続き、それによって本格的な部分廃村化段階の以前において既に集落構造に大きな変容がもたらされたとみなされる。

15-2 第二次世界大戦の終戦以前における戸数の欠落過程

明治23年以降の戸数の変遷過程の特性を欠落戸の経済的・社会的階層と集落の生業構造の変遷の側面から捉えると、資料**表3・表4**(巻末)のようになっている。

(1) 明治36～45年：最下層部からの脱落型欠落

木子では、明治初期の分家で、経済的な困窮による脱落型離村3戸(㊵㊾㊿)(○囲み数字は明治23年の田地所有面積順に付した家

番号。以下同じ）と、疫病の流行に起因する家族構成の悪化による失踪型離村2戸（⑬㉘）があったが、人口が過密状態であったために新たな分家の創出はなく、戸数が50戸となった。それらの離村先は、旧城下町の宮津の近辺に3戸（⑬㉘㊾）と漁業集落の伊根の近辺に1戸㉑、及び不明1戸㊵となっていて、近世より三次的生活空間の中心地となってきた宮津への指向性が強くみられた。

　一方、駒倉では水害による破産型離村1戸㉜と家族構成の悪化による脱落型離村2戸（㉔㊸）があって、ある種の適疎状態となるが、その厳しい隔絶環境においては集落維持に必要な戸数規模を下回ることになった。その補充のため、2戸の分家創出があり、戸数が45戸になった。

（2）大正1〜14年：木子での親方子方制の下における固定期と、駒倉での災害破産型欠落による縮小期

　木子では、自然災害が少なかった上に、養蚕景気が旺盛であったことにより、欠落は家族構成の悪化による下層部の廃絶型離村2戸（⑲㉓）に止まり、帰村1戸㊵があったので、戸数が49戸になった。この時期には、養蚕景気を利用して親方株が子方の無償労力を梃子にして焼畑の桑園化を進め、また中下層部でも養蚕に家族労働力を結集して家計を維持していた上に、その経済力の安定を背景にして親方株の統率の下で会社電灯の導入や共同墓地の造成、及び焼畑の共同出作り等の積極的な村落経営が展開されて、離村抑制力が強く働いていたことによって固定期となった。

　一方、駒倉では焼畑が少なくて桑園開発が不足し、養蚕景気の恩恵が十分でなかった上に、度重なる風水害に遭遇して、後継者の単身離村2戸（④㉟）を含む破産型離村5戸（④⑬㉝㉟㊱）と、家族構成の悪化による廃絶型離村1戸㉓、及び尋常高等小学校に通学できないことや会社電灯の通電がない僻地環境を忌避する最上

層の資産保留型離村1戸㉛があって、戸数が38戸（他に後継者の脱出による隠居世帯2戸）になった。さらに、オオヤ格の最上層①の後継者が京都市内の中学校に進学離村をし、卒業後も新聞社に勤めて帰村せずに家族構成の悪化を招いて、集落の社会的な結束力を弛緩させた。こうして、駒倉ではこの時期において最上層の脱出型離村により離村過程における階層的逆転現象が現れ、さらに水害による借金の抵当で土地の所有権が集落外へ大量に流出し、集落の経済力が脆弱化して、部分廃村化の初期的段階に突入したとみられる。

(3) 昭和1〜12年：木子の小規模な縮小期と、駒倉の初期的な部分廃村化の進行期

　木子では、大正15年に小字「ソラジ」・「神崎」で28戸と教念寺を焼失する大火があったが、昭和2年の北丹後地震による峰山などの機業町の壊滅的な被害に加えて、全国的な金融恐慌・昭和恐慌・農業恐慌等の社会的混乱の影響を受けて、欠落戸は昭和5〜6年に教念寺再建費の負担に難渋した最下層の脱落型離村3戸（㉚㊲㊴）があっただけに止まり、戸数が46戸になった。こうした固定的状態の継続は、因習的な親方子方制による離村抑制作用が強く働いていたことによるもので、養蚕不況と経済恐慌の進行に伴って、社会構造の歪みとして家計格差の拡大が露呈することになった。

　一方、駒倉では土地資産の集落外への流出による経済力の脆弱化に伴って人口支持力が低下し、人口の過密流出を生じたが、その流出が厳しい僻地環境のもとでは過疎流出の性格を帯びて集落での生活を圧迫し、更なる人口流出を生じるという悪循環過程に入り、下層部からの放擲型離村が進行して部分廃村化の初期的段階に突入した。それによって、この時期には1戸が帰村したが、

後継者の単身離村1戸㉒を含めて破産型離村5戸（③⑦㉒㊺㊼）と
死亡廃絶1戸④が生じて、戸数が33戸になった。

　その内の㊼は両親の死亡による廃絶型離村戸で、宮津に転出し
て丹後海陸交通に就職した。他の2戸（⑦㊺）は共に端郷「タキワ
キ」の最後の居住戸で、度重なる災害による借財と無燈状態での
孤立生活からの脱出を図ったものである。また、③も大正7年の
水害と昭和9年の室戸台風による「世屋信用組合」からの借金と、
共同自家発電の設置費の負担難が重なって離村している。さらに、
㉒は戸主が大阪に単身離村をして女性一人の隠居世帯となったも
のであり、④はその㉒の実家で大正9年に戸主が大阪に単身離村
をし、昭和7年に帰村したものの翌年に病没して、昭和12年に
老母が死亡廃絶をした。

（4）昭和13〜20年：戦時体制下での固定期

　木子では、戦時下での徴兵による家族労働力の減少に加えて、
統制経済による食糧・燃料需要の高まりによって、欠落は死亡廃
絶2戸（㊲㊺）と廃絶型離村1戸㉑に止まり、1戸の分家創出があっ
たので、戸数は殆ど変わらずに43戸で固定期を迎えている。そ
の内の㊲は大正15年の大火の罹災戸で、昭和3年から女性一人
世帯となり、昭和14年に死亡廃絶をした。また、㊺は明治29年
の分家で家族構成の悪化により昭和15年に廃絶した。㉑は昭和
9年の室戸台風で親を失い、娘一人世帯となって昭和15年に大
津市に離村した。

　一方、駒倉では昭和1〜12年に部分廃村化の初期的段階に突入
したとみられるが、戦時体制下における地域的・全国的な社会経
済の混乱と、過度の徴兵による家族労働力の減少によって、欠落
戸は小学校教員を兼業していた⑧の転勤移動と死亡廃絶㉟の2戸
に止まり、また京都に資産保留型離村をしていた最上層㉛が疎開

転入したので、戸数は 32 戸となって殆ど変わらず固定期となっている。

15-3 戦時中の徴兵送出戸の階層構造と離村動向との関係

徴兵制は、農林業の生産基盤である労働力を削ぎ落し、各戸の家計に致命的な痛手を与えて、集落の維持機能に大きな障害を生じた。日本の徴兵制度は、明治 6（1873）年の徴兵法に始まるが、それには一家の主人や家産・家業維持の任に当たる者は免除されたので、明治 20 年頃までには徴兵を逃れるための分家や絶家再興による戸籍簿上での戸数の増加がみられた。さらに、昭和 2 年には兵役法に改められて徴兵検査が実施され、壮丁名簿が作成されて、その中から抽選によって召集されるようになった。しかし、実際には地域性や階層・門地等が斟酌されていたとみられる不公平さを孕んでいて、それが戦後における戦争後遺症型離村の重要な素因となっている。

木子での徴兵送出戸は、11 戸（②⑧⑱㉗㉙㉝㊱㊸㊽㊾寺）で、寺を除くと昭和 13 年の戸数 46 戸に対する徴兵の送出率は 22 ％となっていた。ただ、その内には家族 2 人を召集されたものが 2 戸（②⑱）、長男を招集されたものが 10 戸（②⑱㉗㉙㉝㊱㊸㊽㊾寺）、戦死者を出したものが 6 戸（②⑱㉗㊸㊽㊾）あって、全体として男子労働力が著しく不足し、戸数減少を厳しく抑制することになった。

その徴兵送出戸の階層構造は全体的に中下層部に著しく偏っていた。その上層においても子方の無償労力を使用できる親方株 9 戸（①②③⑤⑥⑦⑨⑩⑫）の中での徴兵送出戸は非主流派の氏姓集団の②のみとなっていて、②では五男が戦死し、長男が戦傷して

家族構成に決定的な疲弊を招いたために村政に対して激しい憤り
を抱き戦後においても親方株でありながら区長を一切引き受けな
くなった。こうした氏姓集団間・階層間における不公平さが、因
習的な社会体制に対する不平・不満を募らせ、戦後の戸数変動に
不安定さをもたらす原因となった。それにより、昭和21〜27年
の固定期に続く昭和28〜36年の縮小期には、寺を除く徴兵送出
10戸の内の7戸が戦争後遺症型離村をし、それがその間の離村
16戸の43.8％を占めるに至った。

　一方、駒倉での徴兵送出戸は17戸（②⑥⑧⑩⑭⑮⑯㉑㉕㉖㉘
㉙㉞㊳㊶㊷㊻）に及び、昭和13年の戸数32戸に対する送出率は
53.1％となっていて、木子の22％を大きく上回っていた。しか
も、その中で家族2人を召集されたものは1戸②のみであったが、
長男・後継者を招集されたものが14戸（②⑥⑧⑩⑭⑮⑯㉑㉘㉙㉞㊶
㊷㊻）あり、しかも戦死者を出したものが11戸（②⑥⑧⑩⑭⑯㉕㉖
㉘㉙㊳）に上って、家族労働力の減退が深刻であった。

　その徴兵送出戸の経済的な階層構造は、昭和13年の課税序列
で1〜20位の上層6戸（⑧⑭㉖㉘㉙㊳）・21〜30位の中層9戸（②
⑥⑩⑯㉑㉕㉞㊷㊻）・31〜32位の下層2戸（⑮㊶）となっており、そ
れぞれの送出率は上層で35.3％、中下層で64.7％となっていて、
階層間にやや開きがみられたが、その差は木子に比べると比較的
に小さかった。また、その社会的な階層構成をみても、昭和1〜
19年に区長をした12戸の内の7戸は後継者が女子か未成年者の
世帯であったので、それを除くと5戸の内の3戸が召集されてい
て、区長就任戸に対しても特別な扱いがあった形跡が殆どなか
った。

　それ故に、駒倉の場合には内部的な社会問題よりも木子との間
にみられた徴兵負担の著しい格差問題が、木子・上世屋・下世屋

主導型の世屋村行政に対する不信感と疎外感を一層増幅させていて、その二次的生活空間に対する対応姿勢を著しく内向的にさせ、自主独立的な結束性を強化させることになった。その結果、戦後には戦時中に疎開転入をした㉛が昭和22年に再離村をした以外には、昭和21〜27年の固定期の後に続く昭和28〜36年の縮小期における離村戸は木子の16戸に対して半数以下の7戸（①⑤⑧⑫⑲㉖㊵）に止まり、その上にその中で戦争後遺症型離村をしたのは僅かに1戸㉖に過ぎなかった。

15-4　戦後の中学校卒業生の進路の変遷

　戦後の挙家離村の動向には、中学校卒業生の進路の変遷に先導される側面がみられるので、その推移を通して戸数変遷の態様を捉える必要があると思われる。この地区の中学校は、昭和22年に上世屋・木子・駒倉の3集落を校区として上世屋に設置された「組合立宮津中学校（昭和29年以降は宮津市立日置中学校）の世屋上分校」で、昭和51年に宮津市立日置中学校に統合されて閉鎖されるまで、木子では昭和37年の18人を最高に昭和46年まで毎年2人以上が通学し、駒倉でも昭和37年の16人を最高に昭和44年まで毎年2人以上が通学した。

(1) 昭和22〜26年：卒業生の集落内での残留期

　全国的には終戦後の社会経済の混乱期が続き、丹後地域でも産業が低迷していた上に、集落内にも戦時中の徴兵による労働不足の問題があったので、その間の世屋上分校の卒業生52名の内から全日制高校に進学したのは上世屋の男子3名と女子2名のみで、木子と駒倉にはなかった。

　木子の男子卒業生12名の就業先は農業後継ぎ10名（83.3％）・岩

滝町の商店員１名・不明１名となっており、女子卒業生４名の就
業先も家事手伝い３名(75％)・機屋住込み工員１名となっていて、
共に集落の維持を第一義としていて、戸数欠落での固定期に対応
していた。

　駒倉でも、男子卒業生６名の就業先は農業後継ぎ４名(66.7％)・
宮津町内の商店員１名・不明１名となっており、女子卒業生７名
の就業先は家事手伝い２名(28.6％)・機屋住込み工員４名(57.1％)・
宮津グンゼ工員１名となっていて、女子では木子に比べて困窮度
の高い経済状態を反映して賃金稼ぎの住込み工員が多くなってい
るが、男子では集落残留率がなおも高くて、挙家離村での固定期
に対応していた。

(2) 昭和27〜29年：男子の集落内残留と分散型就職の混成、 及び女子の丹後・阪神地域の繊維工場への集中的流出

　朝鮮戦争の特需景気の影響を受けて丹後機業が復興期に入るが、
世屋上分校における全日制高校への進学者は上世屋の女子３名と、
駒倉の男子１名に限られていた。その卒業生の就業先は、丹後地
域内の製造業の低迷によって機業分野以外には就職機会が少な
かったことに加えて、機業景気の爆発的な展開による業務用燃料
の白炭・黒炭・カシ材・アカマツ材の需要増と、国民所得の増加
や食生活の多様化に伴う牛肉消費量の増加による犢取りの収入増
があったために、男子ではなおも家業の後継ぎとして集落に残留
するものが多かった。しかし、女子ではこれまで以上に多くが花
嫁修業を兼ねて丹後地域内の中小規模の機屋の住込み工員となり、
さらには糸偏景気に沸く大都市の大手繊維工場に流出して、家事
手伝いとして集落に残留するものが激減した。

　その中で、木子では男子卒業生６名は、地域産業の低迷と集落
での生業の安定によって農業後継ぎとして集落に２名(33.3％)が

残留する一方で、集落内の封建的な分断型の社会構造に見切りを
つけて宮津の丹後海陸交通・下世屋の種畜場・日置の農協・宮津
の商店に各1名が分散して脱出している。

　また、女子卒業生7名の内4名(57.1％)が丹後域内の機屋の住
込み工員になり、さらに宮津近郊の大手繊維会社グンゼに1名と
大阪の繊維工場に2名が流出して、家事手伝いとして集落に残留
するものが皆無となった。それと共に、挙家離村も戦争後遺症型
離村を含む最下層の脱落型離村4戸と最上層の脱出型離村1戸が
混じる顕著な縮小期に突入した。

　一方、駒倉では昭和28年に最上層⑪の男子が宮津市内の府立
高校普通科に進学し、入夫の父の実家から通学したが、他の男
子3名(75％)は全員が集落内の社会経済的な安定を反映して、農
業後継ぎとして残留している。また、女子3名の就業先は、2名
が地元の機屋の住込み工員になったが、家事手伝いとして1名
(33.3％)が残留し、男女共に木子とは異なって集落保全に対する
気運が残っていたとみられる。そして、それに符合して戸数欠落
は戦後に帰村して老女一人世帯となり世帯合併型離村をした1戸
⑧と、家族構成の悪化による脱落型離村1戸⑫、及び戦争後遺症
型離村1戸㉖となり、小規模な縮小期に入った。

(3) 昭和30〜33年：男子卒業生の集落残留の皆無化と、女子
　　卒業生の地元機屋住込み工員への集中的な就職

　木子では、高度経済成長の開始時期となる神武景気の到来に
よって、男子卒業生3名の内の2名(66.7％)が宮津市内の府立高
校に進学し、1名(33.3％)が岩滝町内の商店員となって、家業の
農業後継ぎが無くなり、集落維持の見通しが厳しくなった。高校
への通学は、上世屋または日置までの悪路を自転車で通い、そこ
から宮津までの長距離を運行頻度の少ない路線バスに乗車する

ことになったが、その帰途の急な登り道では体力を著しく消耗
し、とくに冬季には雪道となって危険を伴うので男子のみの進学
となっていた。その男子の昭和31年の進学者は、非親方株なが
らも昭和29年に区長をした中核層の子弟で、成績が良く勇躍し
て府立高校の普通科に入学したが、昭和33年の進学者は中層部
の子弟で、高校進学熱が昂揚し始めた時代に入り、進学先は商業
科となっている。女子の卒業生3名の就職先は、2名が丹後機業
の活況化を受けて地元の機屋の住込み工員になり、1名が縁故に
よって京都市内の寺院の雑役員となっていて、集落に残留するも
のが皆無となった。

　こうして、卒業生の流動性が著しくなるが、その一方で挙家離
村による欠落は稲作・薪炭生産・犢取りによる複合的な現金収入
源があった上に、カンランの共同栽培の着手に伴う親方株の強い
離村抑制力が働いて皆無となり、短期的な固定期を迎えている。

　一方、駒倉では道路事情が悪くて自転車での自宅からの通学が
不可能であったために高校進学者は全く無く、2名の男子卒業生
が丹後海陸交通の用務員と宮津市内のラジオ店の店員になり、駒
倉でも農業後継ぎとして集落に残留するものが皆無となった。ま
た、女子卒業生4名の就業先は地元機屋の住込み工員2名・岩滝
ゴム会社の雑役員1名・家事手伝い1名となり、その就業構造に
は大きな変化がみられなかった。こうして、男子卒業生の集落残
留者が皆無となり、卒業後の去就に流動性が高まったが、戸数欠
落は薪炭の戸別訪問販売に便乗した行商直販方式による労働集約
的な小商品農業が順調であったので、死亡廃絶1戸①と両親の死
亡による子ども世帯の廃絶型離村1戸㊵に止まり、小規模な縮小
期となっている。

（4）昭和34〜36年：木子での男子卒業生の高校進学の開始と、女子卒業生の大規模繊維工場への就職

　木子では、岩戸景気が進行する最中の昭和34年に大火によって17戸が焼失し、直ちに9戸（⑧⑪⑫㉕㉖㉜㉝㊸㊽）が離村した上に、カンランの共同栽培の失敗によって昭和36年に2戸（⑱㉚）が追随型離村をして、戸数が28戸になった。しかし、その状況の中で中学校の男子卒業生5名の内の2名が宮津市内の府立高校に進学し、1名が綾部市内にある授業料が無料で寮制度のある農業研修所に入所して、進学率が60％になった。また、男子2名の就業先は、1名が大火後の生家再建のために農業後継ぎとして集落に残留したが、1名が定時制高校への通学が可能な岩滝ゴムの現業員となっていて、卒業後の進路では進学が主流になった。これに対して、女子では進学者が未だに現れず、卒業生2名の就業先は宮津郊外の大手繊維会社グンゼと宮津市内の洋品店の店員となって、集落に残留するものが引き続き皆無となっている上に、地元の中小規模の機屋への就職も無くなっている。

　このようにして、女子卒業生が地元の中小規模の機屋から離れるのは上世屋においても同様で、その女子卒業生の就業先も宮津郊外のグンゼ・宮津市内の洋品店・京都市内の大規模繊維工場に各1名となった。こうした女子中学卒業生の地元の機屋離れによって丹後地方の機業経営者にとっては「金の卵」となった若年女子労働者に代わって、安価な主婦の労働力市場が形成されたことが、大火による大量の下層部からの脱落離村を実現させた一因になったとみられる。

　一方、駒倉では戦時中の徴兵による少子化といういびつな家族構成により男子卒業生がなくなり、女子卒業生は2名に止まっているが、その女子の中には未だに高校進学者が現れず、2名の就

業先も岩滝町内の商店と地域外の舞鶴紡績となっていて、家事手
伝いとして残留するものが皆無となった上に、地元機屋への就職
も無くなっている。こうして集落残留者が男女共に皆無になった
のは、薪炭産業の衰退と地方商店街への大型店舗の進出による農
作物の行商型訪問販売の行き詰まりによって集落内の人口圧が高
まったことに伴うものであって、それに符合して戸数欠落でも上
層からの転業型離村2戸が生じて、部分廃村化の先行的段階に突
入することになった。

(5) 昭和37〜39年：高校進学者の急増と、男子卒業生の京都市内への集中的流出、及び女子卒業生の大都市への流出並びに地元大規模機屋への集中的就職

　全国的には昭和40年から始まる「伊弉諾景気」直前の景気調整
期に当たるが、丹後地域においては西陣出機の第二次急増期に
入り、木子では男子卒業生6名の内の3名が宮津市内の府立高校
の電気科と建築科に進学し、1名が豊岡市内の職業訓練所に入所
して、合計の進学率が66.7％に達した。それと共に、男子卒業
生の就職者2名は京都市内の電気工事会社の現業員と自動車組み
立て工場の工員となり、全員が大都市に流出して農業後継ぎが無
くなっている。また、女子卒業生7名の内の1名が昭和38年に
その厳しい交通的障害や封建的な社会的環境を乗り越えて初めて
高校に進学した。また、その他の6名の就職先は京都市内のスー
パーマーケット2名・枚方市の既製服団地1名・網野町の縫製工
場1名・地元の大手機屋2名となっていて、地域外への流出が激
増した。

　こうして高校進学が一般化するに伴い、その進学先での履修
コースが生徒の第一志望と食い違う事態を招来し、女子で初めて
の進学者1名は府立高校の普通科であったが、男子の進学者は全

員が実業科になっている。こうした事態となった理由には進学率
の上昇によって受験競争が激化した側面があり、僻地集落においてはその成績不振を分校教育に対する不信に結びつけることになって、挙家離村を誘発する要因となった。また、自宅通学が困難なために未成年者を親元から離れて下宿させることは、家計的な負担に加えて、放任生活と学業面での学力不足との相互作用による怠学・非行・健康障害・交通事故などの生活指導面での深刻な問題を生じて、子どもの不良化によって被る家庭破滅を防御する自衛手段として挙家離村が求められることになった。その結果、この時期には最上層からの高校進学問題を理由とする脱出型離村が生じ、離村過程における階層的な逆転現象が現れて部分廃村化段階に突入すると共に、昭和39年には犢価格の暴落による犢生産からの撤退によって準廃村化段階に至ることになった。

　駒倉でも、昭和28年の入夫世帯の特例的な男子の進学を除くと、昭和37年に初めて男女共に高校進学者が現れるが、その進学は厳しい通学障害による下宿通学を回避するための挙家離村を前提としたものとなり、それによって最上層からの脱出型離村が生じて部分廃村化段階に突入した。しかも、その直後の昭和38年に豪雪災害による出稼ぎ戸からの離村競争が生じて準廃村化段階に至り、昭和39年に集落解散式を執り行っている。

　そうした経過の中で、男子卒業生5名の内の1名が府立高校の商業科に進学し、1名が福知山市の職業訓練所に入所して、3名が就職をした。その3名の就職先は京都市内の鉄工所と機械工場に各1名、及び野田川町のゴルフ場に1名となっていて、就業者の大半が大都市に流出した。また、ゴルフ場に就職した1名も野田川町内の府立高校の定時制に進学し、高等学校教育が準義務教育化してきていて、高校進学問題が離村の重要な要因となってき

た。さらに、女子卒業生3名の進路は、男子と同様に1名が府立
高校の商業科に進学し、2名が就職したが、その就職先は三次的
生活空間の拠点となっている岩滝で操業する職場環境の整った大
規模機屋となっている。

(6) 昭和40〜45年：高校進学率の急上昇と丹後地域内での就業への回帰

　全国的には「伊弉諾景気」が進行し、丹後機業も活況を呈して
いたが、木子では既に準廃村化段階に入って、卒業生は男子4名
と女子1名に減少していた。その内の進学者は、男子では府立高
校の普通科と電気科に各1名、専門学校に1名の合計3名（進学率
75%）となり、女子では府立高校の普通科に1名（進学率100%）と
なって、ほぼ全員が進学をしている。また、就職した男子1名は
京都市内の菓子店の職人となり、大都市の職域でも従来のような
重労働部門には勤務しなくなっている。

　それに符合して、挙家離村はそれまでの部分廃村化離村に追随
する上層部からの脱出型離村3戸と下層部からの放逐型離村7戸
となり、昭和45年には高齢世帯の5戸が残留するのみとなった。

　駒倉でも、準廃村化段階に入って卒業生は男子3名と女子1名
に減少し、その内の男子の全員が高校に進学したが、その進学
校での履修コースは宮津市内の府立水産高校1名と府立高校の普
通科・商業科各1名となっていて、農業離脱を強く志向する実業
コースへの偏重が目立つようになった。また、女子では全日制高
校への進学者は無いが、卒業生1名の就業先が定時制課程に通学
できる野田川町内の大規模機屋の工具となっていて、地元高校へ
の通学志向を強く示すものとなった。

　それに符合して、挙家離村は昭和40年に9戸が集団離村をし、
残留した2戸も昭和48年に離村をして全面廃村となった。

15-5　終戦後の戸数欠落過程

(1) 昭和21〜26年：完全固定期

　第二次世界大戦中の徴兵による労働力不足と戦後の農地改革による自作農地の均等化に加えて、都市域における食糧・燃料不足に起因する農山村経済の相対的な好転を背景にして、木子と駒倉では共に戸数が安定していた。

　木子では、中学校卒業生の集落残留率が男子83.3％・女子75％と高いこととも関連して、戸数欠落が生じていない。

　駒倉では、困窮者が多くて中学校卒業生の集落残留率が男子66.7％・女子28.6％となっており、とくに女子の就職離村率が高くなっていたが、戸数の欠落は戦時中の疎開帰村1戸㉛が再離村しただけに止まり、それに代わって帰村1戸⑧があったので、戸数は32戸で変わっていない。

(2) 昭和27〜29年：木子での上層部からの社会離反型離村と下層部からの戦争後遺症型離村が混在する顕著な縮小期、及び駒倉での下層部からの転業型離村をみる小規模な縮小期

　木子では、丹後機業が復興期に入り機屋を中心にして雇用機会が創出されて、女子の中学校卒業生の全員が就職離村をし、男子も66.6％が就職離村をして学卒者の流動性が高まると共に、社会民主化の風潮を受けて挙家離村においても親方株支配の因習的な階層分断型社会から脱出する脱落型欠落が5戸（㉒㊱㊴㊵㊳）あって、戸数が39戸になった。

　その内の㉒は早くから経営的な才覚があって、明治40年頃から離村戸の耕地を取得し、昭和8年には田地所有面積で11位の1

町1反歩となり、村税の課税序列でも9位になって、終戦前に非親方株ながらも異例の形で区長を2回、村会議員を2期務め、戦後にも昭和22年に区長になった新興の中核層であった。しかし、親方株の農地が子方のコーリョクといわれる無償労力提供によって経営されるいわゆる「隠れ小作地」になっていたために農地改革では解放の対象にならなかったのに対して、この家の農地は規定に則って放出措置を受け、減反7戸の中では最大の2.8町歩を失う憂き目に遭って不満を募らせ、京都市内に脱出型離村をして染色業を開業した。

　㊴は下層部で昭和20年に農地委員会の小作代表を務め、さらに社会民主化の時流に合わせて異例の形で区長代理となり、昭和21年に規定に従って区長職を押し付けられた上に、僅かな農地も解放の対象とされたために、親方株支配の社会体制に強い不満を抱き、加悦町に脱出型離村をした。それ故に、親方株はその2戸（㉒㊴）の離村を伝来の集落組織を足蹴にするものとして、その資産の全てを売却できないように仕組んだので、共に資産を凍結されたままになっている。

　その他の㊱は病弱な復員軍人世帯であり、㊣も後継者の戦死による女性戸主世帯で、いずれも機業景気の回復によって就労機会が拡大し始めた岩滝町の機屋に雇用されている。また、㊿も昭和26年の「村民税課税額」の序列では28〜36位の下層に位置し、岩滝町に脱出して機屋勤務と小作農業を兼業している。これらの戦争後遺症型離村を含む最下層部の脱落型離村戸に対しても、ここでは親方株がそれまでの恩顧に背く離反行動として、その耕地や宅地には全く買い手が付かないようにしたので、それらの離村戸は移住資金に難渋することになった。

　このようにして、この時期には長い固定期を経た後に始まった

上層部からの脱出型離村に対してはもちろん、最下層部からの脱落型離村に対しても、ムラ社会への反逆行為とみなす強烈な警戒心、ないしは敵愾心でもって対処する旧弊な閉鎖社会の体質が根深く蔓延していたといえる。

　一方、駒倉では最上層⑪の男子卒業生1名が府立高校に進学して宮津市郊外にある父の実家から通学したが、その他の男子卒業生3名は全員が戦争後遺症型のいびつな家族構成による労働不足を補う形で集落に残留し、女子卒業生1名も家事手伝いとして残っていて、集落保全が就業行動の大前提となっていた。そのために、戸数欠落も比較的に平準な階層構造と強い氏姓集団の結束力に支えられて脱落型離村3戸（⑧⑫㉖）に止まり、小規模な縮小期をなして戸数が30戸になった。

　その離村戸の内の⑧は明治39（1906）年に後継者が京都師範学校を卒業して世屋上尋常小学校の訓導となり、昭和6年に木子尋常小学校に転勤した後に、昭和14年に宮津町内に動員的な転勤を命じられて資産保留型離村をしたもので、終戦直後に帰村したが農地改革で耕地資産を失い、戸主の死亡によって寡婦が再離村をした廃絶型離村戸である。

　⑫は昭和27年の「国民健康保険料賦課金額」で8〜15位の中層に位置したが、家族構成の悪化によって迎えた養女と木子からの入夫世帯で、定着意欲が低くて農道拡幅工事費の負担を避けて岩滝に出て製麺業を開業したやや特異な脱落型離村戸となっている。

　㉖は明治・大正時代に困窮して博労などに従事していた最下層で、戦後には農地改革によって若干の耕地を取得して昭和24年の「村民税課税額」で8〜16位の中層になったが、昭和25年に後継者が機業景気によって活気づく岩滝町内に単身離村をして小規模な商店を開き、残留していた老父がその経営の安定を見定めて

世帯合併型離村をしたものである。

　この内の２戸（⑫㉖）は離村時に集落と全面的に決別して居宅・耕地の全てを売却し、残留戸がその大部分を購入しているので、この時点ではなおも廃村化の気配はみられなかったといえる。

（3）昭和30～33年：木子でのカンランの共同栽培の開始による挙家離村の完全休止期と、駒倉での小数の死亡・廃絶型離村による小縮小期

　神武景気の到来によって丹後機業が本格的な発展期に入り、木子では中学校の男子卒業生の高校進学率が66.7％に上昇し、男女共に集落に残留するものが皆無となり、単身者の流出が激化した。しかし、その一方で昭和30年には家庭用石油コンロの普及による薪炭価格の急落や食糧事情の改善等による焼畑の壊滅に直面して、その代替産業として親方株の主導の下にカンランの共同栽培が始まり、その運営のために厳しい管理体制が敷かれたために戸数の欠落がなくなった。

　しかし、この事業に対しては当初より住民の多くは精々一時的な延命策としかみていなかったので、表面的には親方株の威光に逆らえずにやむなく離村を思いとどまっていた。その点においてこの時期の戸数の固定は特有の封建的な社会構造の中で強引に離村が抑圧された一時的な休止に過ぎなかったものといえる。

　駒倉では、自転車通学が不可能な道路事情によって高校進学者はなかったが、中学校の卒業生は冬季出稼ぎに依存する集落の将来に不安を抱いて男子の全員が就職離村をし、集落に残留したのは女子１名のみとなり、単身者の流動化が一気に激しくなった。しかし、戸数の欠落は丹後機業の盛況に伴う薪炭業の進展と、行商直売方式による農産物の集約的な小商品生産の展開や犢取り等からの現金収入源に支えられて、独居老人世帯の死亡廃絶１戸①

と子ども世帯の廃絶型離村1戸㊵に止まっている。

　その内の①は明治時代には駒倉のオオヤ格の位置にあったが、大正時代に後継者が京都に遊学離村をして帰村せず、昭和28年には高齢世帯となって「国民健康保険料賦課金額」で16～21位の中層となり、さらに老女一人世帯となって死亡廃絶したものである。

　㊵は昭和22年の「村民税課税額」で11～20位の中層に位置したが、両親の死亡によって子ども世帯となり、氏姓集団の中で保護されていて、中学校の卒業時に就職離村をした廃絶型離村戸である。

　こうして、駒倉では木子のような親方株による強固な管理社会的な抑圧機構はなかったが、氏姓集団内での相互扶助作用が働いていたことに加えて、農林産物の小商品生産活動の伸展によって挙家離村は少数に止められていた。

(4) 昭和34～36年：木子での大火による下層部一掃の脱落・脱出型離村期と、駒倉での行商訪問販売の閉塞による上層部の小規模な脱出型離村期

　丹後地方においては地元の機屋にとって「金の卵」となった女子中学校卒業生に代わって安価な主婦労働力市場が創出される中で、木子では昭和34年にカンランの共同栽培に失敗して親方株の権威が失墜した最中に、大火に遭って17戸が焼失し、その内の6戸（①⑰⑳㉙㉛㊳）が火災保険金で母屋を再建し、2戸（⑱㊺）が空き家を借りて残留したが、他の9戸（⑧⑪⑫㉕㉖㉜㉝㊸㊽）が直ちに離村し、さらに空き家に入居していた1戸⑱と罹災していない1戸㉚が昭和36年に追随型離村をして、戸数が29戸になった。

　昭和34年の離村9戸の経済的な階層構造は、昭和31年の「国民健康保険料賦課等級」の序列で10位の上層1戸⑧・21～28位

の中層4戸（⑪⑫㉕㉝）・32〜34位の下層1戸㉖・35〜39位の最下
層3戸（㉜㊸㊽）となっており、世屋農業協同組合の『昭和33年度
米売渡清算額』でも15〜21万円の上層1戸⑧・3〜5万円の下層
3戸（㉕㉖㉜）・3万円未満の最下層5戸（⑪⑫㉝㊸㊽）となっていて、
火元⑧を除くと全般に下層部に偏っていた。

　また、その離村9戸の氏姓構成は矢野姓4戸（⑧⑪㉜㉝）・水上
姓3戸（⑫㉕㊸）・赤松姓2戸（㉖㊽）となっていて、オオヤ①を中
心とする有力な親方株を抱える大松姓からの離村が無く、集落運
営における大松氏姓集団の勢力が一層増大することになった。

　その上に、離村9戸の転出形態は、⑧が上層ながらも矢野姓の
非親方株で、火元のために離村。㊸㊽が後継者の戦死による老人
女性世帯で、農林業に従事できなかった戦争後遺症型の最下層
の離村。⑫が昭和4年頃から資産状態を悪化させて親方株を離脱
し、主業としていた白炭・規格薪の出荷量の減少と犢取り収入の
不調が重なった生業不振型の離村。⑪㉕㉖㉝が昭和33年頃から
の薪炭価格の急落による買山での黒炭・白炭・規格薪生産の衰退
と、パルプ業者に雇用されてきた木炭焼き子稼業の縮小による生
業崩壊型の離村となっていた。

　それ故に、これらの離村戸は既に昭和30年前後から家計悪化
によって離村寸前となって滞留していた困窮戸が、大火による罹
災という大儀名分を得た上に、とくに類焼被害としての同情から
資産の全てを集落内で売却処分できたことによって、長らく大松
氏姓集団の親方株に支配されてきた陰湿な社会関係から離脱でき
た脱出型離村戸とみなされる。

　また、それらの離村先は矢野姓2戸（⑧㉜）が西陣機業の出機の
浸透によって賃機兼業に転進する農家の手余り農地が増大して
いた野田川町に纏まり、水上姓2戸（⑫㉕）がそれよりもさらに遠

方の加悦町に集住し、赤松姓２戸（㉖㉘）が宮津市街地の町内に集まっている。それら以外では火元に隣接して家財一切を焼失した矢野姓㉝と後継者の戦死によって老女一人世帯となっていた水上姓㊸が岩滝町内に分散し、矢野姓⑪が生活経験のある大阪市に遠距離離村をした。

　こうして、それらの離村先は全体的には突発事故による放擲型離村に特有の分散傾向を示しているが、一方において氏姓ごとに纒まって集住する傾向をもみせていて、同族的ないしは姻戚的な紐帯関係が堅固に作用したものとなっていた。

　そして、それらの離村後の就業形態は、新興の機業地で安価な主婦労働力を大量に雇用する大規模な機屋が立地しながらも、なお農村的な色彩を強く残していて小作地や宅地の入手が容易な野田川町では、主婦が機屋に勤めて戸主や老人が小作に従事する機業勤務・農業兼業型になっていた。同様に、安価な主婦労働力を求める伝統的な機業地で、早くから町場の形成が進んでいた加悦町では、主婦が機屋に勤めて、戸主がクリーニング店等で働く機屋勤務・店員兼業型となっていた。さらに、新たに市街化が進展していた岩滝町では、主婦が機屋に勤めて戸主が商店勤務や日雇い労務に就く機業勤務・雑役兼業型となり、商業都市化が一層進行している宮津市内では、飲料配達員や無職となる雑業勤務主業型となっている。それと共に、大阪市内では若年労働者の確保が困難となっている、いわゆる３Ｋ職種の小規模な鋳物工場の勤労者となっていた。

　その後、この大量離村をみた翌年の昭和35年には離村戸がなかったが、昭和36年に２戸（⑱㉚）が火災離村追随型の離村をしている。その内の⑱は後継者の戦死世帯で、罹災直後には空き家に入居して寡婦が機屋に勤務していたが、老戸主の老衰によって

購入していた家屋を矢野姓の⑧㉜と同じ野田川町に移築して離村
した。

　また、㉚は昭和初期から大工稼業を兼業してきた大松姓の最下
層で、類焼を免れたが昭和28〜29年に居住地の小字「サンゲン
ヤ」の隣家㊴㊿が離村をして最後の1戸となったので、罹災時の
離村戸に随伴して大工仕事の多い岩滝に離村した。

　このようにして、この時期には農林産物の小商品生産の閉塞や、
動力電線が未架設で出機兼業への進出が不可能であったことなど
により経済的に窮迫していた上に、カンラン栽培の撤退によって
将来展望を見失うことになって離村圧力が高まった。その一方で、
平地部では機業景気の乱高下によって人口受容力をやや低下させ
ながらも、若年女子労働力の「金の卵」化が進行して安価な主婦
の労働力市場が創出され、さらに機業兼業化の浸潤によって多く
の「手余り農地」が出現して、低賃金の機屋勤務と経験のある小
作農業による自家用食糧の確保を組み合わせる道が開かれたこと
により、この突発事故による押出し型の大量の脱落型離村が進行
したものとみなされる。ただ、その労働力市場が未だ狭小であっ
たために、離村戸は罹災戸の下層部とそれに準じる一部に限られ、
離村後の生業も機屋勤務の低賃金収入を補うために共働き型の家
族総就労的な就労形態を取ることになった。

　一方、駒倉ではこの時期には際立った自然災害はなかったが、
薪炭業の衰退と大型商店の進出によって行商型の戸別訪問販売が
終息し、出稼ぎ以外に確たる収入源を失ったために、井本氏姓集
団の結束の要となってきた上層の2戸（⑲⑤）が集落の将来性に見
切りをつけて脱出型の転業離村をした。その内の⑲は、大正8年
〜昭和16年に区長を3回務め、昭和28年の「課税序列」で1〜7
位の最上位に位置したが、昭和21年の会社電気導入事業におけ

る各戸の負担額の査定問題で矢野姓の区長と対立し、以後には区長・村会議員等の役職を一切しなくなり、昭和32年に老戸主が機業景気で活気づく岩滝町にいち早く先行離村して、うどん店を開業したもので、昭和35年に後継者が世帯合併型離村をしている。

⑤もまた昭和28年の「課税序列」で8〜15位の上層に位置し、区長を昭和9年に1回と戦後の昭和22〜33年に3回務めて、下層部の多い井本氏姓集団の利益代表の役目を果たしてきたが、⑲の氏姓集団を見捨てた離村に不満を抱き、とくに戦後の役職負担の急増から逃れる形で脱出型離村をしている。その離村先は⑲と同じく三次的生活空間の中核地の岩滝町であったが、その就業先は機業の短期的な不況期に当っていたために岩滝に営業所を置く地方運送会社で、機屋関係には就職も転業もしていない。

この結果、井本氏姓集団は集落内で最大の勢力をもつ矢野氏姓集団との対抗意識から長らく強い結束力を堅持してきたが、この最上層2戸（⑤⑲）の離村によって一気に社会的な紐帯が弛緩して不安定化することになった。それ故に、この2戸の離村は氏姓集団の統括戸の離脱という性格をもってその社会崩壊を招くと共に、集落単位でみても経済的な破局状態の中での従来の下層部からの脱落型離村とは異なる上層部からの脱出型離村への転換という側面をもち、離村過程における階層的逆転を示す部分廃村化離村の先駆けになったとみられる。しかし、その一方でそれらの離村は集落内での最大勢力の氏姓集団における最上層部からのものではなく、しかもそれらの2戸の資産の全てが残留戸によって買い取られているので、この時点ではなおも完全な部分廃村化段階には至っていなかったと思われる。

16章　部分廃村化以降の戸数の欠落過程

16-1　部分廃村化から準廃村化までの戸数の欠落形態

(1) 昭和37年：最上層部からの高校進学問題による部分廃村化離村の開始

　全国的には岩戸景気とオリンピック景気の間の短期的な不況期に当たるが、大都市域での学歴社会化の進行に影響されて、木子と駒倉では男女で共に高校進学者が現れ、中学校卒業生の集落残留者が皆無となった上に、丹後地域においては戦後で第二次の機業ブーム（西陣出機の急増期）を迎えて離村戸の受容力が拡大し、両集落で高校進学や結婚問題といった経済外的な要因による最上層部からの離村が生じ、部分廃村化段階に突入することになった。

　木子では、昭和34年の大火による下層部一掃型の大量離村によって、戸数欠落が一時的に収束し、離村は矢野姓の2戸（②③）のみの小規模な縮小期となった。しかし、それは少数ではあったが、いずれもが最上層からの教育問題を理由とする資産保留型離村となっているので、この年をもって明確に部分廃村化段階に突入したとみることができる。

　その内の②は矢野姓の親方株で、明治23年より離村時まで村税の課税序列では連続して2〜7位の最上位に位置し、区長にも明治37年〜大正11年に6回就任したが、大正時代末期以降には大松氏姓集団との確執によって矢野姓の親方株⑥と共に一切の役

職から離れ、とくに戦時中には親方株の中で唯一の徴兵送出戸
となって弟を戦死させ、当主も傷痍兵となって引き揚げてきたの
で、大松氏姓集団が主導権をもつ集落運営に最後まで反撥してき
た。それ故に、その離村は子弟の高校進学問題を理由にしていた
が、①を中心とする主流派の大松氏姓集団からは単に教育問題を
口実にする脱出型離村とみなされて、資産の全てを処分すること
ができなかった。また、その離村先は大火で離村した同じ矢野姓
3戸（⑧⑱㉝）が集まる野田川町となっていて、一種の反主流派一
族による集団型離村の形態をなした。

　③もまた矢野姓の親方株で、明治23年より離村時までの村税
の課税の序列では②に準じる最上位に位置し、矢野姓の親方株②
⑥の区長忌避によって昭和2年から区長株となっていた。戦後も
昭和21〜23年に世屋村の収入役を務め、集落の行政や世屋村政
に相応に参画してきたが、カンラン栽培の共同経営からの撤退や
買山での製炭・規格薪生産の壊滅に直面して、昭和35年に後継
者が若狭湾岸の福井県小浜市に先行離村をし、戸主の高齢化に
よって世帯合併型離村をした。

　一方、駒倉では昭和35〜36年の部分廃村化離村の先駆けと
なった最上層の井本姓2戸（⑤⑲）の離村に続いて、4戸（⑪㉘㉞㊹）
が離村した。その経済的な階層は、昭和28年の「国民健康保険
料賦課額」で1〜7位の最上層が1戸⑪、16〜21位の中層が2戸
（㉘㉞）、26〜27位の下層が1戸㊹となっていて、最上層を含む全
階層に及んでおり、廃村化離村の特徴を示していた。また、その
氏姓構成は矢野姓3戸（⑪㉘㉞）・井本姓1戸㊹となっていて、下
層部が多く滞留していた井本氏姓集団からの離村が少なかった。

　その内の⑪は主流派の矢野氏姓集団の中で本家的な家格をもち、
明治35年〜昭和20年の「村税等差評定」では一貫して1〜2位の

最上位に位置し、明治27年〜昭和34年に区長を12回、村会議員を8期務め、さらに大正11年〜昭和5年には「世屋信用組合」の理事にも就任し、集落の行政と氏姓集団の統括の頂点を担ってきた。戦後も、昭和28年の「国民健康保険料賦課額」で最上位にあったが、昭和34年以降には集落に残留する中学校の女子卒業生が皆無となり、後継者の嫁取りに難渋すると共に、高校進学問題を抱えて勤務先の「世屋農業協同組合」の縁故により岩滝町の公民館主事の職場を得て脱出型離村をした。そのために、残留戸はこの最上位戸の計画的離村によって確実に廃村化段階に入ったとみなして、その耕地資産には全く買い手が付かなかった。

㉘は明治時代には中層に位置したが、大正12年の「府税戸数割納税負担額」では7位に上昇し、昭和1〜23年に区長を4回務めている。しかし、長男の戦死によって昭和28年の「国民健康保険料賦課額」では下層となり、昭和34年頃からの薪炭生産の衰退とカンラン栽培を含む農産物の小商品生産の閉塞によって収入源を失い、後継者の三男が京都市に単身離村をした。その後、その三男が岩滝にJターンをして機屋に勤務していて、老戸主が高齢化によってそこに世帯合併離村をしたもので、その耕地には買い手が付かず、昭和40年に営林署に売却されるまで放置されていた。

㉞は明治9年の分家で、明治29〜30年には困窮者救済の措置を受けて雑用係的に区長に就いているが、大正12年の「府税戸数割納税負担額」でも19位の下層に位置していた。昭和28年の「国民健康保険料賦課額」では戦時中に召集されていた後継者が復員して中層となったが、高齢化によって野田川町の機屋に勤務していた娘のもとに世帯合併離村をしている。

㊹は明治8年の井本姓の分家で、大正15年の「府税戸数割納

税負担額」では 27 位の下層に位置し、戦後も農地改革では所有
耕地が増えず、昭和 28 年の「国民健康保険料賦課額」で最下位に
なっていた。しかし、後継者の娘の婿取り難と高校進学問題に直
面して、離村戸⑪の仲介で岩滝町の公民館の住込み管理人になっ
た。

　こうして、これらの離村は薪炭業の壊滅や行商型の蔬菜販売の
行き詰まりによる生業の崩壊と、教育問題や結婚問題といった文
化的価値観の急変によって惹起されたものであるが、その離村戸
の中に最大勢力の氏姓集団の最上位戸が入っていたことにより、
氏姓集団を基礎単位として運営されてきた集落の社会体制が一気
に瓦解して、部分廃村化の決定的段階に突入することになったと
みなされる。

(2) 昭和 38 年：木子での少数の脱出型離村と、駒倉での豪雪 災害による離村競争の発生

　全国的には昭和 37 年不況を脱して景気回復段階に入り、丹後
地域内でも引き続き第二次機業ブームが進行していたが、その最
中に未曾有の豪雪災害を受けて災害忌避型の離村が発生した。

　木子では、豪雪に遭遇したものの居宅が平坦地に展開するため
に孤立障害が比較的に軽微であった上に、大火災後に再建された
新築家屋が多かったことや冬季の出稼ぎ稼業を禁じる社会規範に
縛られて男子労働力が確保されていたことなどによって人家の損
傷が少なく、さらに離村を反集落的行動とする抑圧的な社会体質
が強く作用したために、欠落は中学生の冬季の寄宿問題と高校進
学問題を理由とする脱落型離村 1 戸⑰に止まった。

　この⑰は本流一派の枠外にあった傍流の水上姓で、昭和 28 年
の「国民健康保険料賦課額」では 17 〜 20 位の中層に位置したが、
昭和 34 年の大火で被災した際に母屋を再建し、さらに昭和 35 年

には大火によって離村した同姓3戸（⑫㉕㊸）の宅地を購入して永住志向を強くもっていた。しかし、昭和37年に同じ傍流一派の矢野姓の親方株②が教育問題を理由にして離村したことに触発されて、同様の教育問題を理由に掲げて急遽離村した。それに対して、主流派の大松氏姓集団からはその離村理由の本音を部分廃村化段階に突入したことで主流一派の支配社会から離脱しようとするものとみなされて、その土地資産には全く買い手が付かず、新築家屋を外部に転売して②と同じ野田川町に転出している。

　一方、駒倉では昭和37年に部分廃村化段階に突入した直後に豪雪災害に遭遇したことに加えて、その冬季に多くの出稼ぎ戸があって家屋倒壊の危惧や連絡途絶等の緊急事態に陥った上に、消雪時期の遅延による農業経営の不調が重なって、5戸（⑨⑯㉕㉚㊽）が一斉に離村した。その離村戸の経済的な階層構造は、昭和28年の「国民健康保険料賦課額」で1～7位の最上層が1戸㉚、8～15位の上層が1戸㉕、16～21位の中層が1戸⑨、26～27位の下層が1戸⑯、30～32位の最下層が1戸㊾となっていて、最上層から最下層の全層に及び、突発的な事故型の廃村化離村の形態をなしていた。また、その氏姓構成は矢野姓3戸（⑨㉕㉚）・井本姓2戸（⑯㊽）となっていて、集落の上層部を構成する矢野氏姓集団がその離村競争を主導する構図を示していた。

　その矢野姓㉚は明治23年の「課税賦課額」で16位の中層に位置したが、頻発する水害被害による経済的破綻戸の土地資産を集積して、昭和1年には耕地所有面積で3位の最上層戸となり、昭和3・13・21年に区長を務めていた。しかし、戦後には農地改革によって小作地を放出し、昭和22年の耕地所有面積は17位の中層になって以降には区長に就いていないが、昭和24年の「山林原野・焼畑所有面積」では2位に位置し、その持山で製炭・規格

薪の生産に従事する傍ら、犢取りによって収入を挙げ、昭和 28
年の「国民健康保険料賦課額」では最上位戸になっていた。そこ
で、老父と若夫婦の 3 人家族という移住容易な家族構成を活かし
て、戦時中に廃絶戸から購入していた隠居屋を就業機会の多い岩
滝町に急遽移築して機屋に就職したために、その離村を廃村化に
繋がる離村競争を先導するものとみなされて、その耕地資産には
全く買い手が付かなかった。

　矢野姓㉕は明治 23 年の「課税賦課額」では 27 位の下層に位置
し、その後に多くの山崩れ免租の耕地を取得したが、大正 3 年に
はその修復費用として隣接する五十河村の住民から水田を担保
にして借金をしていて、その賦課額の序列では昭和 20 年までは
凡よそ 21 〜 26 位の下位に位置して変化がなかった。戦後には農
地委員の小作代表となって、農地改革での耕地取得によって昭和
23 年の所有耕地面積では 2 位となり、昭和 29・36 年に区長を務
めている。こうして、部分廃村化直前の昭和 36 年に区長に就き、
しかも学齢に関わる切迫した教育問題をもたなかったにもかかわ
らず、突然に岩滝町内の機屋に就職して離村したので、矢野姓㉚
と同様に豪雪災害を口実にして離村競争に同調したものと謗られ
て、その耕地資産には全く買い手が付かなかった。

　矢野姓⑨は山崩れ免租地が多くて明治 33 年には「課税賦課額」
で 21 〜 22 位の中層になり、その後も耕地所有面積に殆ど変化が
なかったが、離村戸の増加によって大正 3 年頃以降には「課税賦
課額」で 13 〜 14 位の上層になり、昭和 12 年に区長に就いた。戦
後には農地改革による耕地取得が少なく、昭和 28 年の「国民健
康保険料賦課額」では中層に位置したが、冬季出稼ぎの経験によ
る見識の広さから昭和 32・37 年に再び区長に就いている。しかし、
後継者が女性であり、冬季の出稼ぎ中に受けた恐怖の大きさを理

由にして、突然周囲には予告せずに逃避型の脱出離村をしたので、この場合にも実情としては戸主が移動の容易な壮年者であったので、この豪雪災害を出稼ぎの苦行から脱出する好機ととらえて離村競争に加わった形跡があった。その離村先も新興の機業地で離村受容力が高まっていた中郡盆地の大宮町「口大野」となっていて、家族総就労型で機屋勤めをしているので、残留戸からは前年に区長をしたものが抜け駆け的に離村したとして非難され、その耕地資産には全く買い手が付いていない。

　それらに対して、井本姓⑯は明治23年の「田地所有面積」では16位の中層に位置したが、経営能力が高くて水害被災戸の土地資産を取得して明治28年には「課税賦課額」で7位に、大正3年には4位となり、明治33年〜大正9年に区長を6回務めた上に、大正10〜14年に世屋村の収入役になって井本氏姓集団の最上位の家格となった。しかし、昭和初期から家計の破綻が進み、さらに後継者が戦死をして昭和18年の「課税賦課額」では30位の最下層となり、戦後も戦争の後遺症が残って昭和28年の「国民健康保険料賦課額」では26位に留まっていた。その状態の所に豪雪災害による離村競争が迫ってきて放擲型離村をしたので、その離村後の生業は離村戸の多くが身を置く近接の岩滝町の機屋ではなく、宮津市郊外の養鶏場で昼夜勤務をする住込み管理人となっている。

　また、井本姓㊽は昭和15年の分家で一貫して非課税となっていて、昭和28年の「課税賦課額」でも最下層の32位に位置し、移住資金の調達に難渋したので、加悦町からの救援の勧誘を受けて、「加悦農業協同組合」の昼夜勤務の住込み用務員となった。

　こうして、この年には区長経験を持つ上層の矢野姓3戸の脱出型離村と、最下層の井本姓2戸の放擲型離村が生じたが、それら

の離村後の生業形態は、上層部の場合でも部分廃村化段階に入った直後の突発的災害による離村であったので、準備不足が露呈して人手不足に喘ぐ零細機屋に勤務するものが多く、さらに下層部の場合には移住資金の調達が不可能であったために、勤務条件の厳しい職場での職住一体形の就業となっている。また、その離村先は突発的災害による離村競争型の廃村化離村の特徴を示して、中距離域の宮津市・大宮町・加悦町・岩滝町に大きく分散していた。

(3) 昭和39年：犢価格の急落に伴う木子での営林署への山林原野の戸別販売方式の開始に誘発された大量離村と、駒倉での集落解散決議に伴う終末型の準廃村化離村の進行

　昭和37年からの部分廃村化離村の奔流に加えて、昭和38年の豪雪災害による離村競争の展開と、昭和39年の牛肉輸入枠の拡大政策への転換による犢価格の低落が重なって、終末型の廃村化離村期に突入した。

　木子では、昭和38年の豪雪に際しても親方株の堅固な支配によって離村が抑制されてきたが、犢価格の急落による犢取りの閉塞や製炭・木炭焼き子稼業の終焉による現金収入源の途絶によって、一気に離村機運が高まった。しかし、オリンピック不況と証券不況の影響を受けて地元機業の雇用力が減退し、就職先の確保が困難となって自営による賃機経営に活路を求めるものが現れたが、外部者への土地売却を禁じる前近代的な不文律に束縛されて、纏まった転居・転業資金を調達する道が閉ざされていた。そこで、離村を切望する一派が隣接集落の「小杉」で昭和34年に営林署との間で結んだ宅地・農地・林野の一括売却契約や、昭和39年に駒倉で同方式で営林署と締結した契約事例を木子にも適用するように区会に申し入れたが、集落の温存を第一義とする主流派の親方

株によって一蹴されてしまった。そこで、営林署がその閉塞状態の打開策として、土地買収の基本方針を従来の造林利便優先の方式から離村救済事業の導入に転じて山林原野のみの戸別買収に応じたので、守旧派もそれ以上の阻止は個人の権利の妨害になるとみて営林署案を了承したことにより、一気に売買交渉が進行すると共に、離村競争が始まって10戸（⑥⑨⑮⑯⑳㉗㊳㊶㊹㊼）の大量離村が生じた。

　その離村戸の経済的な階層構造は、昭和31年の「国民健康保険料賦課額」で4～9位の上層が2戸（⑥⑨）、11～20位の中層が4戸（⑮⑳㊶㊹）、25～32位の下層が2戸（⑯㊳）、33～39位の最下層が2戸（㉗㊼）となり、ほぼ全階層に及んでいる。また、それらの氏姓構成は、大松姓6戸（⑨⑮⑯㉗㊹㊼）・矢野姓2戸（⑥⑳）・水上姓1戸㊳・小川姓1戸㊶となっていて、昭和34年の大火の際には離村戸を全く出さなかった大松氏姓集団においても、その強力な社会的紐帯に画期的な崩壊現象が生じることになった。

　その内の矢野姓⑥は親方株で、明治14年に分家に財産を分与して明治23年の水田所有面積では6位に位置したが、明治31年～大正1年に区長を4回務めている。その後、大松姓の親方株①と反目して集落の行政に背を向けて区長株を離れたが、戦後には世帯交代もあって昭和24年に再び区長に就き、昭和31年の「国民健康保険料賦課額」では最上層となって、昭和35年にも区長に就いている。この時期には30歳代の夫婦二人世帯となっていて切迫した教育問題はなかったが、伝来的にオオヤ①の支配体制に融合せず、林野の大半を営林署に売却した後に、集落内に保留していた宅地・農地・林野の管理に便利な至近地の岩滝町に離村して、自営賃機を開業した。

　大松姓⑨は親方株で、明治23年の「村税課税額」で2～8位の

最上層に位置し、昭和3〜26年に区長を3回務めていた。家族構成が安定していて、持山での木炭・規格薪の生産と犢取りに力を入れ、昭和31年の「国民健康保険料賦課額」では9位になったが、薪炭業の終焉と犢価格の急落によって経済的な展望を失い、営林署への林野の売却金を資金にして、岩滝町で自営賃織を開業し老人が小作農業を兼業した。

大松姓⑮は明治23年の「村税課税額」で18〜31位の中層に位置し、昭和31年の「国民健康保険料賦課額」でも17〜20位に留まり、林野所有面積が少なくて自営で機屋を開業することができず、営林署への林野の売却金を転居資金にして岩滝町に離村し、郵便局員になった。

矢野姓⑳は明治39年頃から資産状況を悪化させ、昭和8年には水田所有面積で28位の下層になったが、昭和31年には「国民健康保険料賦課額」で17〜20位の中層に戻り、昭和34年の大火の際には焼失した母屋を再建していた。しかし、犢価格の急落と木炭焼き子稼業の閉塞により収入源を失って離村を決意したが、林野所有面積が少なくて転業資金に困り、遠方の加悦町に離村して戸主が酒販売店に勤め、妻が機屋に勤務する家族総就労型の就業形態を取っている。

小川姓㊶は明治初期の転入戸で、明治23年の「村税課税額」では32〜46位の最下層に位置し、昭和31年の「国民健康保険料賦課額」でも17〜20位の下層に留まっていて、犢取りと木炭焼き子稼業の閉塞によって離村を決意したが、転業資金に困り加悦町に転出して加悦鉄道の車掌になった。

大松姓㊹は、明治23年の「村税課税額」で32〜46位の最下層に位置し、昭和31年の「国民健康保険料賦課額」では12〜16位の中層になったが、家族構成の悪化によって女性戸主世帯となり、

後継者が岩滝町に単身離村をして織機の修理工員となった後に、その生活の安定を見定めて世帯合併型離村をした。

　大松姓⑯は明治23年の「村税課税額」では18〜31位の下層に位置し、昭和31年の「国民健康保険料賦課額」でも29〜31位の最下層となっていて、転居・転業資金に窮して野田川町の公民館の住込み用務員となった。

　水上姓㊳は明治23年の「村税課税額」で32〜46位の最下層に位置し、昭和31年の「国民健康保険料賦課額」でも26〜27位の下層であったが、若夫婦の2人世帯であったので、昭和34年の大火では焼失した母屋を再建していた。しかし、その後に犢取りと木炭焼き子稼業に行き詰まって離村を決意したものの、林野所有面積が少なくて転業資金に困り、岩滝町に母屋を移築して電器店に勤めている。

　大松姓㉗は明治23年の「村税課税額」で18〜31位の中層に位置したが、戦時中に戸主が戦死したために昭和31年の「国民健康保険料賦課額」では37〜39位の最下層となり、昭和34年の大火の際に後継者がその罹災戸の大量離村に同調して弥栄町に単身離村をして女性一人世帯となっていたもので、親方株⑨の離村によって孤立したために世帯合併離村をした。

　大松姓㊲は⑨の分家で明治23年の「村税課税額」では47〜53位の最下層に位置し、戦後も農地改革の恩恵を受けずに昭和31年の「国民健康保険料賦課額」でも35〜36位に留まっていた。子どもが無くて切迫した問題を抱えていなかったが、本家⑨の離村によって孤立して離村したもので、所有林野が殆どなかったために夫婦で岩滝の機屋に勤めている。

　こうして、部分廃村化の最終的局面においては、木炭焼き子稼業の終焉と牛肉輸入枠の拡大による犢価格の急落による現金収入

源の途絶によって、営林署への個人所有林野の売却が容認され、
離村抑制の箍が外れたことにより、それまで抑圧を受けて滞留し
てきた中下層部の多くが一気に脱落型離村をした。しかし、それ
らの多くは所有林野が少なかった上に、部外者への宅地・水田・
畑地の売却が認められなかったために、転居・転業資金に難渋し
て自営で賃機を開業できたのは上層の親方株2戸（⑥⑨）に止まっ
ている。それ故に、それらの脱落型離村戸の離村後の生業形態は、
中学校の男子卒業生が大都市に総ざらえ的に流出して「金の卵」
化したことによって安価な男子の戸主労働力市場が開けたことに
より、以前には中学校卒業生の就職先となっていた地元の家電店
の配達員・機屋の屋外作業員・鉄道車掌・郵便局の配達員・勤務条
件の厳しい昼夜勤務の公民館での住込み管理人等の第三次産業の
現業サービス部門に勤めることができるようになり、その低賃金
収入を補うために妻子が機屋に勤務する家族総就労的な雇われ兼
業を行うようになったとみられる。

　さらに、それらの離村先は自営賃機を開業した上層の2戸（⑥
⑨）が集落内に保留している宅地・耕地の管理のために近接地の
岩滝町郊外に向かった以外には、岩滝町市街地に4戸（⑮㊳㊹㊲）、
加悦町に2戸（⑳㊶）、野田川町に1戸⑯、弥栄町に1戸㉗と分散
していて、部分廃村段階の終末型の放擲型離村の形態を示してい
た。その上でなおも15戸が残留したが、その残滓的な滞留形態
からこの昭和39年をもって部分廃村化段階から準廃村化段階に
移行したものとみなすことができる。

　一方、駒倉では昭和39年に集落の解散と唯念寺の廃寺を決議
し、営林署に集落の全地籍の土地を売却したことによって、6戸
（⑥⑩⑮㉙㊳㊴）が部分廃村化段階での終末型離村をした。その6
戸の経済的な階層構造は、昭和28年の「国民健康保険料賦課額」

で1〜7位の最上層2戸(㊳㊴)・16〜21位の中層2戸(⑩㉙)・28〜
32位の最下層2戸(⑥⑮)となっていて、最上層から最下層までの
全階層に及んでいた。また、それらの離村形態は計画的な脱出型
離村1戸㊴・離村競争に追われた放擲型離村3戸(⑩㉙㊳)・脱落型
離村2戸(⑥⑮)となっていて、最上層1戸の計画的離村によって
誘発された多くの放擲・脱落型離村からなっていた。さらに、そ
の氏姓構成は矢野姓4戸(⑥⑮㊳㊴)・井本姓1戸㉙・小西姓1戸⑩
となっていて、主流派の矢野姓が多くを占めていた。

　その内の矢野姓㊴は、明治9(1876)年に分家へ財産を分与して
明治23年の田地所有面積で39位、「村税賦課額」で19〜41位の
下層になっていたが、その後に経済破綻戸の耕地を買い集めて大
正11年の「村税賦課額」で10位となり、大正14年と昭和18年
に区長を務めた。戦後には、農地改革によって集落外の不在地主
から土地を取り戻して昭和22年の「耕地所有面積」で9位となり、
昭和25年と30年に再度区長になっている。その上に、下世屋に
ある「農業協同組合」の事業所に単車で通勤する兼業農家となり、
部分廃村化段階では残留戸の中で最上層となったが、下宿中の高
校生の生活環境の改善を主な目的にして岩滝町内に離村して信用
金庫に転職した。残留戸はこの離村を全面廃村化に向かう駄目押
しの形態とみて、区会を開催して集落の解散を決議し、営林署と
の間で全地籍の土地を一括売却する契約を結び、一気に終末型離
村が進行することになった。

　矢野姓㊳は明治9年の分家で、明治23年の「村税賦課額」では
19〜41位の下層に位置したが、明治末期から耕地資産を順次増
やして、大正11年に24位、昭和10年に8位となり、昭和10・17
年に区長となっている。戦時中に四男が戦死した上に、戦後の農
地改革による耕地取得が少なかったが、犢取りと製炭・木炭焼き

子稼業の兼業によって昭和28年の「国民健康保険料賦課額」では上層となり、昭和28・35年に再び区長となった。その上に、昭和37〜38年には部分廃村化段階で脱落した離村戸の耕地を購入し、直前まで離村の予定はなかったが、犢生産と製炭・木炭焼き子稼業の閉塞に直面したことに加えて、戸主が40歳代の壮年であったので集落の解散決議に同意した。そのために、最上層ではあったが典型的な放擲型離村戸となり、離村直後には戸主が岩滝町内で日雇労務に就き、妻が機屋に勤務した。

　小西姓⑩は明治23年の「村税賦課額」で19〜41位の下層に位置し、昭和14年には22位の中層になったが、戦時中に戸主が戦死して困窮した。戦後には農地改革によって所有耕地を増やし、昭和28年の「国民健康保険料賦課額」では中層となった。その後、30歳代の戸主が重量物の撚糸用のカシの規格薪の生産・搬出作業や木炭焼き子稼業に従事し、それによって蓄財した資金で昭和37〜38年に集落内の離村戸の耕地を購入して直前まで離村の予定はなかったが、犢取りや薪炭生産の閉塞による将来の生活不安から集落の解散決議に同意して、岩滝町内で自営の賃機を開業した。

　井本姓㉙は明治23年の「村税賦課額」で19〜41位の中層に位置し、昭和14年の「村税賦課額」でも19位にあったが、戦時中に長男が戦死して下層に低落した。戦後には、老戸主と次男の稼業によって昭和28年の「国民健康保険料賦課額」では中層に戻り、その後も壮年の後継者が近隣集落で売却された山林の伐木を請け負うパルプ業者に雇用されて伐採・搬出に従事してきたが、豪雪災害による離村競争に煽られて集落の解散に同意し、職場の縁故で峰山町内の製材所に勤めた。

　矢野姓⑥は明治23年の「村税賦課額」で2〜3位の最上層に位

置したが、明治40(1907)年に水害と家族構成の悪化によって家計が破綻し、大正6(1917)年の「村税賦課額」では37〜38位の最下層となった。加えて、戦時中に後継者が戦死して家族構成が悪化し、戦後も農地改革による耕地取得がなかった上に、女性戸主世帯のために育牛ができず、昭和28年の「国民健康保険料賦課額」では最下層に留まっていた。その後、旧野間村から迎えた入夫がパルプ業者に雇われて木炭焼き子稼業に従事してきたが、焼き子作業の終焉と集落の解散決議が重なって、実家の縁戚の紹介で急遽遠方の網野町の機屋に勤めることになった。

矢野姓⑮は明治23年の「村税賦課額」では19〜41位の下層に位置したが、明治30年以降にさらに没落して、明治39年の「耕地所有面積」では34位の最下層となり、昭和14年の「村税賦課額」でも32位に留まっていた。その上に戦時中に戸主が南洋群島に従軍して家族構成が悪化し、戦後の復員後にも農地改革による耕地取得が殆ど無くて、犢取りと鍛冶屋業を営む男子一人世帯となり、昭和28年の「国民健康保険料賦課額」では非課税となっている。そうした経済的な困窮の中で集落解散の決議に直面し、前年に離村した井本姓⑯の斡旋を受けて、急遽同じ宮津市郊外の養鶏場の住込み作業員となった。

こうして、部分廃村化の最終的局面においては、最上層の計画的離村と中下層の放擲型離村が生じて、家族構成の不全と転居資金の欠乏によって離村の手立てをもたない11戸が取り残され、人道的な救済措置が求められるまでに社会崩壊が進行し、一気に準廃村化段階に入ったとみなされる。

16-2　木子における準廃村化段階での挙家離村の進行

16-2-1　昭和40〜48年の離村形態

　部分廃村化の最終的局面を迎えた昭和39年に、離村競争によって全階層的な雪崩的離村が生じたが、なおも15戸（①④⑤⑦⑩⑭㉔㉙㉛㉞㉟㊷㊺㊻㊼）が家庭事情等によって残留し、準廃村化の段階に入った。

　準廃村とは、単に戸数規模が極端に僅少化しただけの集落をいうのではなく、社会構造が親方子方間の身分的なタテ型の紐帯と氏姓集団間の同属的なヨコ型の連帯が交錯する従前からの格子状の結合状態が崩壊して、単に上層と下層のタテ型の統率的関係、または困窮層によるヨコ型の並列的関係のみが残存する単相的な社会構造に変貌した集落のことを指している。

　その残留15戸の経済的な階層構造は、昭和31年の「国民健康保険料賦課額」で1〜8位の最上層が5戸（①⑤⑦⑩㉟）、9〜16位の上層が4戸（④⑭㉙㊷）、17〜25位の中層が3戸（㉔㉛㊺）、26〜34位の下層が2戸（㉞㊼）、39位の最下層が1戸㊻となっていて、最上層と上層の中核層が過半を占めていたが、その中で昭和34年の大火で被災した際にも母屋を再建して定住志向がとくに強かったものは小字「ソラジ」の3戸（①㉙㉛）のみであった。

　また、その残留15戸の氏姓構成は大松姓8戸（①⑤⑦⑩⑭㉞㊷㊺）・矢野姓3戸（④㉔㉛）・赤松姓3戸（㉙㊻㊼）・荻野姓1戸㉟となっていて、大松氏姓集団での残留が多かった。さらに、それらの社会的な結合関係では大松姓の8戸が親方株4戸（①⑤⑦⑩）とその子方4戸（⑭㉞㊷㊺）とからなる身分的なタテ型集団をなし、赤松・荻野姓の4戸（㉙㉟㊻㊼）が大松姓①の子方扱いとなり大松

氏姓集団への従属集団をなし、矢野姓の3戸(④㉔㉛)が親方株を持たない傍流の分派集団をなしていた。その氏姓構成の中から、昭和40年に矢野姓④㉔・大松姓⑤⑦㊼・荻野姓㊼の5戸が離村し、次いで昭和42年に矢野姓㉛・大松姓⑭の2戸が離村したのに続いて、同43年に大松姓⑩㊷の2戸が離村し、同44年に赤松姓㊻が死亡廃絶した。それによって、オオヤ①とその子方関係にあった大松姓㉞㊺・赤松姓㉙・荻野姓㉟の5戸が高齢世帯となりながらも堅固な主従的関係をもって全面廃村に至るまで残留した。

(1) 昭和40年：部分廃村化離村を後追いする親方株の追従型離村と離村遅延戸の放擲型離村

伊弉諾景気が進行し、丹後機業も活況を呈して賃機を新規に開業する転業型離村の受容力が拡大したことにより、それまではオオヤ①の頑固な保守姿勢に反抗し切れずに、部分廃村化段階への離村には同調してこなかった大松姓の親方株2戸(⑤⑦)が、集落衰微の現実を目の当たりにした上に、昭和39年に離村して自営賃機を開業した親方株2戸(⑥⑨)の堅調な定着状態に刺激を受けて、先行の離村集団に追従する形で転業型離村をした。また、林野所有面積が少なくて離村を躊躇していた中層〜下層の3戸(④㉔㊼)が機屋以外の職場をみつけて放擲型離村をしている。

その内の大松姓⑤は、明治34〜41年に世屋村収入役に就き、明治43年〜昭和34年に区長を8回務めた親方株で、昭和31年の「国民健康保険料賦課額」でも4〜7位の最上層に位置し、営林署への土地売却を巡る問題では①を中心とする守旧派に加担してその契約の締結を妨害をしてきたが、離村抑止の箍が外れたのを見定めて林野の約半分を営林署に売却し、野田川町で自営賃機を開業した。その昭和40年にはとくに切実な通学問題をもたなかったが、居宅地の小字「ダイド」で最後の1戸となり、子方の

離村を見届けた上で頑迷な守旧派から決別して計画的に脱出離村
をした。

　大松姓⑦も大正3年〜昭和33年に区長を6回務め、昭和25〜
29年に世屋村収入役に就いた親方株で、昭和31年の「国民健康
保険料賦課額」でも4〜7位の最上層に位置したが、居宅地の小
字「カヤノ」で最後の1戸となり、林野の一部を営林署に売却し
て岩滝町で自営賃機を開業した。この⑦も⑤と共に準廃村化の段
階で計画的な脱出型離村をして、全面廃村化への流れを駄目押し
することになった。

　矢野姓④は明治24年に分家への財産分与により水田所有面積
を減らして親方株を離れ、区長には一度も就いていなかった。そ
の後、昭和31年の「国民健康保険料賦課額」では11〜16位の中
層に戻っているが、廃村化離村の展開に追われて林野の売却金を
転居資金にして宮津市内で建材店員となっている。

　矢野姓㉔は昭和31年の「国民健康保険料賦課額」で21〜25位
の下層に位置して所有林野が少なく転業資金に難渋したが、矢野
姓④と同じく廃村化離村の流れに追われて岩滝町に離村し、印刷
店員になった。

　赤松姓㊼は明治7年の分家で、大松姓①の子方扱いになり、買
山での白炭生産を主業にしてきたが、昭和31年の「国民健康保
険料賦課額」では29〜31位の最下層に位置して所有林野が少な
いためにムラの内規を無視して水田を営林署に売却し、野田川町
で織機の修理工となった。

　こうして、昭和40年には廃村化阻止の一派をなしてきた大松
姓の親方株の中からも①の圧制から離反して転業型離村に走るも
のが現れ、主流派をなす大松姓集団の結束性が瓦解し始めた。さ
らに、中下層部をなして滞留してきた傍流の矢野姓や赤松姓の一

部が脱落して、低賃金の店員・工具等に就職する放擲型離村が生じて、脱出型と放擲型が混成する準廃村化段階に特有の混合型の離村形態が展開することになった。

(2) 昭和42年：下層部における子方の気兼ね型離村と林業労務戸の脱出型離村

　準廃村化段階においても残留していた中層部の2戸(⑭㉛)が離村をした。

　その内の大松姓⑭はオオヤ①の子方で、買山による白炭生産を主業にして、昭和31年には「国民健康保険料賦課額」で11〜16位の中層になっていたが、昭和40年に後継者世帯が部分廃村化離村に追随して大宮町の機屋に先行離村をし、残留していた老戸主が親方の感情の軟化を確かめて世帯合併離村をしたもので、服属的な子方の自己抑制的な気兼ね型の脱出離村戸となっている。

　矢野姓㉛は買山による黒炭生産と、パルプ業者の木炭焼き子・材木伐採作業を主業にして、昭和31年の「国民健康保険料賦課額」では21〜25位の中層に位置し、昭和34年の大火の際には焼失した母屋を再建して定住意志が強かったが、その後に製炭業の終焉と養子の結婚問題が重なって岩滝町に離村した。しかし、離村先で就業先がみつからず、従来通りに伐木作業の現場に継続して通勤をしており、養子の生活利便を中心にした脱出型離村戸となっている。

(3) 昭和43年：主流派親方株の世帯合併離村と小学校閉鎖による林業労務戸の放逐型離村

　準廃村化段階でなおも残留していた最上層の1戸⑩とその子方1戸㊷が離村をした。

　その内の大松姓⑩は大松氏姓集団で序列2番目の家格に位置する親方株で、明治26年〜昭和37年に区長を12回務め、昭和31

年の「国民健康保険料賦課額」でも2～3位の最上位戸となってい
て、昭和39年にはオオヤ①の意向を参酌して表面的には離村競
争に同調しなかったが、その時点で既に後継者世帯が宮津市に先
行離村をして縫製店に勤務していたので、実態的には高齢世帯が
表面を繕って残留していただけであり、その後に廃村化の厳しい
現実に直面して、脱出型離村をして警備員の職に就いている。

　大松姓㊷は大松姓⑩の子方で、パルプ業者に雇用されて木炭焼
き子稼業を主業にして昭和31年の「国民健康保険料賦課額」では
11～16位の中層に位置したが、所有林野が少なくて移住資金に
難渋し、準廃村化段階においても留まって林業労務に従事してい
た。しかし、昭和43年に子どもが通学していた複々式学級の木
子小学校の一時休校を通告されて、やむなく昭和38年に離村し
た駒倉⑯の斡旋を受けて急遽宮津市郊外の養鶏場の住込み管理作
業員になった。

（4）昭和44年：死亡廃絶

　赤松姓㊻はオオヤ①の子方扱いになって大正11年の「課税賦
課額」では39位の最下層に位置し、畦畔復旧工事等に従事して
いたが、家族構成が悪化して老人一人世帯となり、身寄りがなく
て世帯合併離村ができずに死亡廃絶したもので、高齢集落化した
準廃村の終局的な欠落形態を示すものとなっている。

16-2-2　駒倉における集団離村の形態

（1）集団離村の経緯と離村形態

　昭和39年に集落の解散を決議した際に、移住手段をもたずに
残留した11戸を救済する方策として集団離村が計画され、昭和
40年に9戸（②⑭⑰⑱⑳㉑㉒㊶㊻）がそれに応諾して、2戸（㉗㊷）
が家庭事情によって昭和48年まで残留することになった。その

集団離村戸と残留戸を合わせた11戸の経済的な階層構造は、昭和28年の「国民健康保険料賦課額」で1〜7位の上層が2戸(⑰㉑)、8〜16位の中層が5戸(②⑳㉒㉗㊷)、17〜25位の下層が3戸(⑭⑱㊻)、非課税の最下層が1戸㊶となっており、殆どが中下層からなっていた。また、その氏姓構成は矢野姓4戸(⑭⑰㉑㉒)・井本姓6戸(②⑱⑳㉗㊶㊻)・小西姓1戸㊷となっていて、この廃村化の最終段階においても矢野氏姓集団には上層の一部が残留していたが、井本氏姓集団にはほぼ下層部のみが残留していた。

　さらに、その社会的な階層構造は、矢野姓㉑が昭和39年に区長となり集団離村を統括したが、それ以外の4戸(②⑰⑱㊷)が戦争後遺症と家族構成の悪化による離村遅滞戸であり、3戸(⑳㉒㊶)が女性戸主世帯の移住困難戸であって、4戸(⑭㉑㉗㊷)がかろうじて家計を保っている状態であった。

　その結果、集団離村9戸の離村先は、矢野姓2戸(⑭㉑)が岩滝町の町造成分譲宅地、矢野姓1戸⑰と井本姓3戸(⑱⑳㊶)が岩滝町に設置された府営賃貸優先住宅、井本姓1戸㊻が宮津市営公民館、井本姓1戸②が大宮町営公民館、矢野姓1戸㉒が宮津市内の娘宅に世帯合併となっていて、大半が公営で開設された施設となっていた。また、それらの離村後の生業は、矢野姓では賃機自営㉑・製麺業自営⑭・岩滝町職員⑰・無職㉒、井本姓では公民館管理人2戸(②㊻)・機屋勤務⑱・無職2戸(⑳㊶)となっていて、井本姓には自営業に就くものがなかった。こうして、丹後機業が第二次活況期に入って機屋軒数が増加していたにもかかわらず、自営賃機を開業したのは矢野姓の区長1戸㉑に止まり、生活困窮戸の多い井本姓には無職や行政からの救済に頼るものが多かった。

　その内の矢野姓㉑は明治9年の分家で、明治28年の「村税賦課額」では12〜19位の中層に位置し、昭和14年には25位の下層

に下がっていた上に、後継者が出征して困窮した。しかし、戦後
にはその復員によって家族構成が回復し、犢取り・製炭・出稼ぎ
等に従事して昭和 28 年の「国民健康保険料賦課額」では 1 ～ 7 位
の上層となり、昭和 34・39 年に区長となって集団離村の取り纏
めを行い、岩滝町内の公営住宅への集団転居の事務的な手続きを
采配した。その上で自らは営林署への土地の売却金によって町造
成の分譲宅地を購入し、母屋を移築して機屋を開業していて、区
長としての責任を果たしながら、沈着な準備に基づいて計画的な
離村を遂げている。

　矢野姓⑰は分家への財産分与によって明治 28 年の「村税賦課
額」では 12 ～ 19 位の中層に位置したが、水害による経済破綻戸
の耕地を取得して大正 11 年には 8 位の上層となり、大正 12 年・
昭和 5 年に区長になった。戦時中には召集を受けず、戦後に農地
改革によって不在地主から耕地を取得して、昭和 28 年の「国民
健康保険料賦課額」では 1 ～ 7 位の最上層となったが、その後に
家族構成が悪化して養女と入婿を迎え、府営賃貸優先住宅に入居
して岩滝町役場に就職した。

　矢野姓②は明治 29 年の分家への財産分与によって、明治 34 年
の「村税賦課額」では 26 ～ 38 位の最下層に位置し、戦時中に長男
が戦死して困窮したが、戦後には農地改革による耕地の取得と次
男の復員があって、昭和 28 年の「国民健康保険料賦課額」では 8
～ 16 位の中層に上昇した。しかし、昭和 38 年の豪雪災害による
離村競争に直面して、後継者世帯が中学生の冬季の通学問題を理
由にして大宮町に先行離村をし、残留していた高齢世帯がこの際
の集団離村に合わせて後継者の居宅に近い大宮町の町営公民館の
管理人になった。

　井本姓⑳は明治 9 年の分家で、明治 28 年の「村税賦課額」では

10〜11位の中層に位置し、明治24〜25年には半期ながらも世屋村の助役に就任している。その後、明治36年〜大正14年に水害による経済破綻戸の耕地を取得して、大正14年の「村税賦課額」では4位の最上層となり、明治31年〜昭和20年に区長を6回務めた。さらに、戦時中には召集を受けず、昭和15年に分家を創出したが、戦後に農地改革によって耕地を取得して、昭和22年の耕地所有面積では3位の最上層になった。しかし、戸主が死亡して女性戸主世帯となり、犢取り等ができずに昭和28年には「国民健康保険料賦課額」で8〜16位の中層となった上に、女性戸主の病気で生活保護世帯となったので、府営賃貸優先住宅に入居して同居の次男が機屋に勤務した。

　矢野姓㉒は明治28年の「村税賦課額」では20〜22位の下層に位置し、昭和12年から戸主が母の実家の小西姓④の後継者の離村先である大阪市内の米穀店に手伝いとして単身離村をしていた。戦時中に帰村したが召集を受けず、戦後には農地改革による耕地取得によって昭和22年の「耕地所有面積」で7位の上層になった。しかし、男子の後継者がなくて入婿による犢取りや木炭焼き子稼業の収入によって家計を維持し、昭和28年の「国民健康保険料賦課額」では8〜16位の上層を保っていたが、入夫の離縁によって老女・病人主婦・中学生の三人世帯となり、土地資産を営林署に売却して宮津市内の娘宅に世帯合併離村をした。

　矢野姓⑭は明治28年の「村税賦課額」で11〜19位の中層に位置したが、明治36年には4〜9位の上層となり、明治36・40年と大正2・5年に区長を務めた。しかし、戦時中に戸主が戦死し、戦後も女性戸主世帯であるために犢取りや製炭業ができず、昭和28年の「国民健康保険料賦課額」では23〜25位の下層になった。その後、養女と入婿を迎えたが、昭和34年の「耕地所有面積」で

は 23 位の下層に留まり、子どもが小学校の低学年生のために切
迫した通学問題を抱えていなかったので、最終段階まで滞留して
いた。その間に戸主が木炭焼き子稼業に従事して蓄えた資金と営
林署への土地の売却金で町造成の分譲宅地を購入し、母屋を移築
して製麺所を開業している。

　井本姓⑱は明治 28 年の「村税賦課額」では 26 ～ 38 位の最下層
に位置し、昭和 14 年にも 21 位の下層に留まっていた。戦時中に
は召集を受けなかったが、戦後に家族構成が悪化して昭和 28 年
の「国民健康保険料賦課額」では 23 ～ 25 位の下層に位置した。入
夫が 40 歳代の壮年で矢野姓⑭と同様に子どもが小学生であった
ために切迫した通学問題がなく、最終段階まで滞留していたが、
集団離村を転住の機会と捉えてその決議に同意し、取り敢えず府
営賃貸優先住宅に入居して機屋に勤務した。その後に営林署への
土地の売却金で町造成の分譲宅地を購入して機屋を自営している。

　井本姓㊻は明治 29 年の分家で、同年の「村税賦課額」では 26
～ 38 位の最下層に位置し、大正 14 年においても 27 位の下層に
留まった上に、戦時中に戸主が召集されて困窮した。戦後も農地
改革による耕地取得が少なくて、昭和 22 年の「耕地所有面積」で
は 25 位の下層にあり、その後も復員した戸主が戦傷によって重
労働ができず、昭和 28 年の「国民健康保険料賦課額」では 17 ～
27 位の下層に置かれていて、中学生の通学問題を抱えながらも
止む無く残留していた。その窮状に接して宮津市が道義的に宮津
市営会館の住込み管理人の職場を提供したので、職住を同時に得
ることになった。

　井本姓㊶は明治 28 年の「村税賦課額」では 38 ～ 39 位の最下層
に位置し、昭和 11 年でも 30 位の下層に留まった上に、戦時中に
戸主が召集されて困窮した。戦後も農地改革による耕地取得が少

なく、復員した戸主が病弱で犢取りや製炭作業に従事できなかったので、昭和28年の「国民健康保険料賦課額」では非課税となっていたが、長男が中学校を卒業して就職離村をし、その後に戸主の死亡によって老女一人の独居世帯となったので、集団離村によって府営賃貸優先住宅に入居した。

(2) 残留2戸の離村形態

集団離村後にも残留した2戸(㉗㊷)は、以下のような経過をたどって、昭和48年に高齢化によって離村し、全面廃村化を招いた。

㉗は安政2(1855)年の井本姓の分家で、明治28年の「村税賦課額」では20〜22位の下層に位置したが、その後に経済破綻戸の資産を取得して昭和14年には15位の中層になった。戦時中には召集を受けなかったが、戦後には農地改革による耕地取得が殆どなく、出稼ぎ・犢取り・買山製炭等に従事して、昭和28年の「国民健康保険料賦課額」では8〜16位の中層を維持していた。しかし、昭和36年に後継者が死亡して夫婦二人世帯となり、集落解散時に岩滝町の造成分譲宅地を購入していたが高齢で就職先がみつからず、急に翻意して集団離村に加わらなかった。

それにより、孤独な生活を余儀なくされることになったが、元々居宅が集落の北端部に孤立していて母屋・蔵・隠居が近接していた上に、専用のタテ井戸も所有していたので残留したものとみられる。また、残留の折には所有耕地を離村戸と交換分合して農業経営の負担を軽減し、犢取りをも継続してきたが、昭和48年に老衰して集落解散時に購入していた岩滝町の分譲宅地に転居している。

㊷は明治時代に端郷「タキワキ」に居住していた小西姓で、明治45年に小学生の通学の利便を図って本郷近くの大川(駒倉川)沿いに隠居を作り、大正3年に母屋を移築して転住していた。明

治28年の「村税賦課額」では38〜39位の最下層で、昭和14年にも28位の下層に留まっていた上に、戦時中に後継者が召集されて困窮した。戦後には、農地改革による耕地取得があり、後継者が復員して犢取りと買山製炭に従事して昭和28年の「国民健康保険料賦課額」では8〜16位の中層になった。集団離村の決定時には小学生2名と中学生1名がいて通学問題を抱えていたが、離村後の生計費の確保に不安を抱いて残留している。その小学生は昭和43年の卒業時までは集落内の分校に通い、中学生は居宅が大川沿いの五十河道に面していたので五十河学区に編入してもらって、内山峠越えで通学した。農業経営では、所有耕地を離村戸と交換分合をして営農効率を上げ、井本姓㉗と共に犢取りを昭和45年まで続けたが、子どもが就職離村をして老人二人世帯となったので、昭和48年に離村戸の井本姓⑯の斡旋を受けて宮津市郊外の養鶏場で住込み管理人となった。

(3) 集団離村の特性と村落社会維持の形態

　駒倉の集団離村は、部分廃村化離村の最終局面で取り残された移住困難戸を救済するために実施された自主的な福祉事業で、その実行のためには集落共同体としての強い結束が求められた。中でも、全戸の移住資金の調達や移住先と就業先の確保、さらには新しい共同体的な社会組織の編成といった難問を処理する必要があった。駒倉でこの時期にそうした複雑な諸課題を克服して木子とは全く異なる整然とした廃村化離村を達成し得た第一の要因としては、丹後機業が第二次活況期に入って平地部で就業機会が拡大し、とくに岩滝町で府営賃貸住宅の建設と町営分譲地の造成が短期的に進行したという近接自治体における離村受容体制の出現が挙げられる。それによって同一行政域内ではないが、居住地がほぼ団地化する集団離村が実現したものとみなされる。さらに、

　第二の要因としては集落社会が比較的に平準な階層構造をもち、その上に長らく対抗的な勢力関係にあった氏姓集団の中で一部の有力な統括者が先行離村をしてその対立構造が消滅し、全体的に拘束力の少ない民主的な集落運営がなされていたという、集落内部での民主的な社会的・政治的環境の出現が挙げられる。

　こうして実現した集団離村の結果、ここでは行政的には「区」が消滅するが、2戸がなおも残留したことと、離村戸の多くが近隣地の岩滝町内で集団的に居住したために、全面廃村化は免れなかったが、旧来の社会組織の一部は温存された。

　昭和43年に「世屋上小学校駒倉分校」が通学生の消滅によって廃校となり、唯念寺の堂舎も網野町の寺に売却されて、集落機能のほぼ全てが消滅したが、その一方で同郷組織として「駒倉会」が結成され、さらに宮津市から産業振興補助費の名目で駒倉区に還付された「宮津市世屋財産区有地」内の「旧駒倉村中名義地」の営林署への売却金450万円を唯念寺歴代住職の墓の管理費として残留戸に委託し、伝統的なムラ社会の存続が図られている。これによって、残留2戸は旧来の村落組織を継承する「駒倉会」と連携して集落の守護役を担うことになり、社会形態の面でみる全面廃村全化を回避した形になった。その上に、この残留した2戸が離村をして全面廃村化した際にも、その委託金が「駒倉会」に返還され、「駒倉会」ではそれを基金にして歴代住職並びに集落に財産を寄付してきた廃絶戸の無縁墓の管理と毎年1回（7月第3日曜日）の墓掃除を継続している。

　その結果、残留2戸の離村先はこうした旧住民との親密な信頼関係を反映して、加悦町長からの再三に及ぶ勧誘訪問にもかかわらず同郷的な社会との繋がりを優先して、旧住民が集住する岩滝町内と旧住民が勤務する宮津市郊外の養鶏場となり、本質的には

集団離村と違わないものとなっている。

16-2-3　国の過疎地域対策関連諸法による集落再編成事業と駒倉の集団離村との対比

　集団離村とは、一般的には挙家離村が進行する過程の最終的段階において、集落の神社・寺・共有財産等の処分を協議し決定した上で、全戸が一斉的に離村するものであるが、その移動形態には大きく分けて次の3類型があるとみられる。即ち、ⓐ 離村先の宅地が集団化する団地移住型、ⓑ宅地は分散するが職場が纏まる集団就職型、ⓒ宅地も職場も完全に分散する協議離散型である。そのいずれの場合にも全住民の同意が必要となるので、その実現には集落の経済的な階層構造が比較的に平準で、社会的関係においても対等的な相互扶助の隣人関係が醸成されている上に、それらに裏打ちされた民主的な集落運営がなされていることが要件となっている。中でもⓐの団地移住型の場合には、住民の間に同郷関係を継続する強い意欲がある上に、旧集落の至近地に纏まった規模の宅地が確保でき、しかも就業・転業機会が得られるという厳しい条件が求められることになる。

　わが国では、昭和30年代後半以降の経済社会の急速な発展に伴い、農山漁村地域から大都市域への人口流出が著しくなり、いわゆる「過疎問題」が生じて昭和45年に「過疎地域対策緊急措置法（過疎法）」が制定された。それはその後も昭和55年に「過疎地域振興特別措置法（新過疎法）」に、平成2年に「過疎地域活性化特別措置法（新々過疎法）」に更新され、その中ではとくに集落が孤立して散在するために居住機能を失いつつある小集落を当該地域の基幹集落に移転させることを目的とする「過疎地域集落再編整備事業」が推進されてきた。それらの法律では、補助金の対象

となる事業規模を「過疎法」では移転戸数 20 戸以上、「新過疎法」では同 10 戸以上、「新々過疎法」では同 5 戸以上と変更されているが、いずれの場合においても実現が極めて困難な「団地移住型」の集団離村を求めていたために、昭和 46 ～ 56 年度の全国における事業実績は僅かに 61 市町村の 183 集落に止まり、中でも近畿地方では奈良県川上村 1 集落・和歌山県本宮町 2 集落・中辺路町 1 集落・大塔村 6 集落の合計 4 町村 10 集落に限られていた。

　こうした事業不振の理由は、国の過疎地域対策の根本的な目標がいわゆる「過疎市町村」の人口減少の抑制にあったために、その集落再編整備事業の主眼が同一市町村内での移住形態に置かれていたことによるといえる。しかし、現実的な問題として「過疎市町村」では「基幹集落」といえども就業機会が少ない上に、そうした集落においては周辺集落からの潜在的な移住願望が強くて地価が高く、「団地型移住」の対象地にはなり難いという問題を孕んでいた。加えて、戦後の土地改革制度においては林野所有が対象外となっていたために、「山村振興法」に指定されている「山村地域」の多くが大きな階層間格差を残していて、離村をする側にもその旧態依然とした権威的・封建的な主従関係を持ち込む集団離村の形態に忌避的感情が強かったという事情があった。

　こうした国の遅々とした過疎対策事業の展開過程の中において、駒倉ではその「過疎法」の制定以前に独力でもって課題の多い「団地移住型」の集団離村を成し遂げたという点に社会的な意義があったといえる。その上に、その集団離村に対しては昭和 28 年の「町村合併促進法」の制定によって編入された宮津市からの行政的な支援が殆どなく、その宮津市との合併を拒否して狭域単独町を堅持してきた岩滝町における「府営優先賃貸住宅」・「町営賃貸住宅」・「町造成分譲宅地」の誘致・建設によって実現した

という点に、特別な政治地理学的意味があったといえる。

16-2-4　岩滝町における公営の住宅・宅地造成の誘致・建設の経緯と、挙家離村の受け入れ体制の変遷

　丹後地方では、昭和34年頃から若年労働力の大都市流出が進むと共に、山地集落において高校進学熱が急激に高まり、とくに丹後機業が戦後第二次の活況期に入る昭和37年頃に、中学校の女子卒業生が「金の卵」とされる深刻な若年労働力の不足問題が生じ、それにより機業を主産業としてきた岩滝町では安価な主婦労働力の確保に繋がる離村者向けの住宅開発事業が喫緊の政策的課題となった。岩滝町の政治は、長らく旧地主や親方株の機屋旦那衆を中心とする旧態的で孤立主義的な保守勢力によって牛耳られてきていて、昭和29年にも宮津市との合併を拒否して狭域単独町を堅持することになったが、その閉鎖的な社会体制を忌避する形で人口が減少し、機業労働力の需給バランスが大きく崩れてきていた。そこで、昭和37年に機屋経営者の中から町民1万人構想を掲げて進取的な開放型行政を標榜する実務家の町長を擁立して（坂口他1980）、京都府の革新知事の支援を受けて府営賃貸住宅の建設を誘致すると共に、自営賃機経営を目論む転入者のために町費で分譲宅地を造成して、周辺の山地集落から離村戸を吸収することになった。しかし、こうした積極的行政の遂行によって転入者の内から革新議員が出現し、従来の無風的な町行政の運営が困難になった上に、機業労働者の職場間移動が激しくなって機屋旦那衆の間に不満が嵩じて、従来からの慣例を破って町長選挙が実施されることになり、反動的な超保守派町長が当選した。その結果、町政は再び閉鎖主義へと転換され、主産業の機業が急速に老人産業化すると共に、周辺の山地集落では挙家離村の重要な

流出先を失うことになった。

　こうして、駒倉の集団離村はその三次的生活空間の中核地である岩滝町における政治的体制の劇的な変遷の間隙を縫って実現したものであり、その点に政治地理学的な意義が見出されるものとなっている。

16-3　木子における全面廃村化に至る最終局面での戸数の変遷

16-3-1　昭和49年〜平成6年の廃絶型欠落

　昭和48年に石油危機により高度経済成長が終焉し、丹後機業も不況期へと転換した上に、昭和49年に養蚕農家の保護を目的とする生糸の一元輸入制度の導入によって生糸価格が急騰し、外国から安価な絹織物が大量に輸入されて縮緬産業が壊滅的な打撃を受けることになった。その結果、「丹後織物協同組合」では昭和52〜55年に過剰織機の共同廃棄を行い、昭和56年の事業所数は昭和50年に比べて11％減となって、雇用環境が一気に悪化した。

　そうした丹後地方の逼塞した経済環境の中で、木子では準廃村化の最終局面においてもなおオオヤ①とその子方格の4戸（㉙㉞㉟㊺）が残留していたが、その内の㉞が昭和50年に死亡廃絶し、㉙㊺が昭和51・59年に老衰によって世帯合併型離村をした上で、①㉟が平成6年に廃絶をして全面廃村となっている。

　その内の㉞は明治16（1883）年に分家した大松姓の子方で、戦後においても昭和31年の「国民健康保険料賦課額」で32〜34位の最下層に位置し、主として木炭焼き子稼業に従事してきたが、準廃村化段階に入った昭和40年に後継者が京都市内に離村をし、

老人一人世帯となって昭和50年に死亡廃絶した。

㉙はオオヤ①の子方扱いとなってきた赤松姓で、明治28年の「村税賦課額」では32〜41位の下層に位置したが、戦後には犢取りと木炭焼き子稼業に従事して、昭和31年の「国民健康保険料賦課額」では11〜16位の中層になっていた。そこで、昭和34年の大火では焼失した母屋を再建して残留したが、昭和51年に①の世帯交代を機にしてようやく義理的な親方子方関係の束縛から逃れて、大宮町の農協住込み用務員の職場を得て脱出離村をした。

㊺はオオヤ①の子方の大松姓で、明治28年の「村税賦課額」では47〜53位の最下層に位置したが、戦後には①の持山で白炭生産を専業的に営み、昭和31年の「国民健康保険料賦課額」では21〜25位の中層になっていた。そこで、昭和34年の大火では類焼して他家の隠居を購入して残留していたが、昭和46年に後継者が岩滝町に先行離村をして製材所に勤務し、昭和59年に戸主の老衰により世帯合併離村をした。

㉟は明治時代の外来戸の荻野姓で、オオヤ①の子方扱いになり、明治28年の「村税賦課額」では20〜31位の下層に位置したが、経営的才覚があって大正11年には17位の中層になっていた。戦時中には召集を免れて家族構成に障害が出ず、さらに戦後には農地改革による耕地の取得によって昭和22年の「村税賦課額」では10〜13位の中層上部になり、昭和29年の宮津市制への編入時に区長に就任している。その後も、規格薪の生産に従事し、とくに犢取りの「優等飼育戸」となって昭和31年の「国民健康保険料賦課額」では8位の上層となり、同年に子弟が木子で初めて公立高校普通科に進学している。そうした主流派の一族的な立場から、昭和39年には廃村化阻止の急先鋒となって残留組となり、昭和61年の教念寺の移転騒動においてもオオヤ①に従って徹底的に

抵抗したが、平成4年に戸主が死亡して老妻一人世帯となり、平成6年に廃絶した。

　①は大松姓のオオヤ格の親方株で、明治28年の「村税賦課額」では最上位に位置し、明治25年〜昭和34年に区長を10回、明治45年〜昭和9年に世屋村長を4期、大正初期に農会会長を務め、地域の権威的存在として集落の運営を牛耳ってきた。昭和39年にも営林署への土地売却を認めずに村落社会の分断・崩壊を招いたが、平成5年に戸主が福祉施設に入所し、翌年にその後継者も離村している。

16-3-2　形骸化した村落社会を堅持した構造

　平成6年に在来戸の全てが姿を消すが、昭和50年以降の高齢世帯5戸のみが残留する期間においても、形骸化した村落組織が残滓的に存在したことにより、教念寺の売却問題を巡って残留戸の中でもとくにその中核をなす2戸（①㉟）がそれ以前の離村戸との間で激しい抗争を展開した。寺の集落外への移転問題は、営林署への林野の売却が承諾されて大量離村が生じた昭和39年にも大きく取り上げられたが、その時期には住職の意向もあって未解決となっていた案件で、昭和61年に旧住職の後継者が離職を求めたことに端を発して、その退職手当と住居兼堂舎の新築費を捻出するために、改めて多くの檀家が本堂の建物を宮津市内の同宗派の寺に売却する案を提起したが、再びその残留2戸が集落社会の保全を口実にして徹底的に反発した。それに対して、離村戸側は、寺がこれまでに担ってきた集落社会の統合的な役割は既に失われていると主張を繰り返して、ようやく寺の移転が可能になった。それによっても、大正10年に建設された共同墓地の離村戸の墓石はこの時点では全てが岩滝町内の霊園墓地を中心にして転

居先に移転されていて、寺が集落社会において果してきた宗教的な結合機能は大いに減退していたにもかかわらず、残留2戸（①㉟）は昭和39年に宮津市から産業振興費名目で還付された旧共有林野の売却金400万円の内の75％を占めた寺経費を寺の移転後にも集落に属するとして譲らず、遂に離村戸がその権利を放棄することになった。

　こうして、木子では社会関係の表面的な纏まりとは裏腹に、長期にわたって社会を分断する根深い亀裂が潜在していて、それが営林署への林野売却問題をきっかけに一気に表出して、駒倉とは全く異なる集落に背を向ける雪崩的な脱出型離村が発生したものとみなされる。

16-3-3　昭和48年以降の転入戸の動向

　在来戸が高齢世帯の5戸のみとなる中で、「日本列島改造景気」を背景にして、昭和48年に和牛の繁殖・肥育を目指す1戸が転入してきた。さらに、石油危機による不況によって全国的に雇用不安が蔓延する昭和49〜56年にも、在来戸が3戸（①㉟㊺）にまで減少する間隙を突いて、激しい競争主義に晒された都市の管理社会から逃避する形で5戸が転入している。続いて、低経済成長期となる昭和57〜平成1年には、在来戸がさらに2戸にまで減少する中で新天地において自然との融合生活を目指す8戸が転入し、さらにバブル景気が崩壊した平成5年にも事業破産や生活疲労等によって都市社会から逃避した2戸が転入した。加えて平成8年に在来戸が皆無となった中で自然材料を求める染色家1戸が転入して、合計17戸の転入をみた。

　しかし、それらの転入戸の中には遍歴芸術家・放浪生活者・自給自足主義者・自然農法家・隔絶環境憧憬者・事業倒産者・脱サラ

リーマン等の理想主義者や隠棲者が多く含まれ、廃村地の厳しい自然環境や生活基盤の不全、及び冬季収入源の欠如や他所者には土地資産の売却を認めない集落固有の社会的規律等についての理解不足によって、大半が短期間で挫折して転出しており、平成28年まで残留しているのは3戸(牧場経営者・ペンションを経営する音楽演出者・国営農地造成地への入植後に転業したペンション経営者)のみとなっている。

(1) 昭和48年：畜産業の再生による集落蘇生型の転入

　転入❶(黒地の丸数字は転入の順番に付した家番号、以下同じ)は、宮津市内の開業医の長男で、少年期から牧場経営に憧れて東京の獣医畜産系の大学に進学し、卒業後に土地勘があって、廃村寸前で多くの土地が放棄されている木子で育牛経営を企てたものである。集落ではその申し出に対して、入居者が地方の名士の子息で信用がある上に、入村形態が廃村蘇生の模範的な方式であるとみなして好意的に対応し、残留戸の2戸と離村戸の4戸が「土地台帳」の面積で田・畑・原野9反5畝歩(実測約5町歩)を売却した。それによって、転入当初には集落内の空き家に入居し、購入地を牧場に転用して和牛を飼育し、転入時に結婚をした大学の同級生の妻が岩滝町に置かれている養護学校の教員となって、通勤しながら家計の安定を図った。

　その後、昭和52年に農林漁業金融公庫から1,200万円強の融資を受け、土地を買い増して牧場・飼料栽培地を約8町歩とし、集落の中心部から約2km離れた原野に母屋と畜舎を新築して、繁殖和牛30頭・肥育牛10頭を飼育した。さらに、昭和55年に作家井上ひさしの小説に登場する「吉里吉里国」に触発されてミニ独立王国「ちろりんむら」を設立し、手作りハム等の肉類の産地直送販売を始めると共に、消費者の宿泊体験研修会等を開催し、さ

らに平成1年に「国営農地開発事業」の畑地4町4反歩を取得して飼料作物と馬鈴薯を栽培してきたが、平成20年に戸主が死亡して母子二人世帯となり、それらの経営を中止している。

(2) 昭和49～56年：現代都市社会を脱出する自給自足生活志向型の転入

転入❷は、現代都市社会から逃避して放浪生活をしていた唯我独尊型の遍歴僧で、昭和49年に空き家を借用して自給生活をしていたが、2年後に行方不明で転出した。

転入❸は、奈良県出身の放浪芸術家で、東京の芸術系大学を卒業後に、安保闘争や学園紛争の終息によって虚脱社会化した日本を離れてアメリカに渡り、ベトナム反戦のヒッピーの影響を受け仏教の源流を求めてインドを遍歴し、帰国して偶然に木子を訪れて昭和52年に空き家を借り、森林組合の林業労務や冬場の郵便配達等の臨時職に従事しながら、仏像彫刻に没入した。昭和57年に東京で教員をしていた女性と結婚し、2人の子どもが生まれたが、「木子小学校」が既に昭和41年に一時閉鎖されていたので、存続していた「世屋小学校」が位置する下世屋に近くて、眼下に宮津湾を見下ろす眺望の良い隣接地で廃村化していた東野に母屋を新築して、平成3年に転居した。

転入❹は、現代都市社会の病理的状況から逃避した大阪府出身の自然農法家で、武者小路実篤の「新しき村」運動に心酔して宮崎県・埼玉県等の集団農場を巡り、全国行脚の末に理想郷として駒倉を目指して訪れたが、そこが既に完全廃村になっていたので、❶の研修施設に宿泊し、その紹介で昭和54年に空き家を借りて、師と仰ぐ新潟県出身の同好の思想家を呼び寄せ、男2人で共同生活を始めた。当初は雑草等を煮て食し、後には田畑約5反歩を借用して有機栽培を行って味噌・醤油を手作りし、塩・海藻以外の

ほぼ全てを自給すると共に、伝統的な藤織をして最低限の現金収入を得ていた。その後、昭和64年にその内の1人が小学校の校長住宅に別居した上に、平成10年に結婚をして大宮町に転出し、さらに残る1人も入居していた借家が滋賀県大津市在住者の所有物となって退去を求められたので、平成20年に園部町に転出している。

　転入❺は、大阪府出身の現代都市の管理社会からの脱出者で、ミニ独立王国「ちろりんむら」の雑誌記事をみて木子での生活に憧れ、昭和56年に空き家を借りて牛1頭の飼育と出稼ぎによる生活を始めたが、牛舎の設備が悪くて留守中に牛を餓死させ、僅か1年間の入居で昭和57年に大阪府に戻った。

　転入❻は、東京都出身の自然憧憬者で、大学卒業後に都市の公害からの脱出と有機農業の実践を目論み、昭和56年に空き家と農地を借りて転入したが、厳しい自然環境と農業に対する認識不足によって、2年間の入居で昭和58年に行方不明で転出した。

(3) 昭和57年〜平成1年：自然との融合生活を望む一家転住と単身者の研修生活型の転入

　転入❼は、東京都出身の業界雑誌記者で、現代都市の競争社会からの脱出と自然に融合した生活の中での子どもの養育を図って、昭和57年に大学同窓生の❶の案内で妻子を伴って来住した。当初には、昭和39年に離村した大松姓の親方株⑨の空き家と農地を借りて農業をしたが、間もなく子どもの教育費を工面するために宮津までカメラマンとして毎日営業に通うようになり、その不便さから平成2年に自然がなおも豊かに残る郷里の山梨県に転出した。

　転入❽は、青森県の大学の農学部を卒業後に、農業適地を求めて同窓生の住む加悦町を訪れて廃村巡りをした時に、木子で❶

と出会い、在来戸が3戸となっていた昭和58年に転入した。入居時には昭和38年に離村した水上姓⑰の宅地と家屋を購入したが、耕地は農地法の制約によって取得できず、また昭和61年に始まった「国営農地開発事業」の入植者募集にも自然を破壊した農地での耕作に賛同できずに応募しなかったために、理想とする農耕経営ができずに隣接の廃村寸前の「味土野」に来住していた大分県出身者から椎茸栽培法を学び、農協からホダ木2万本を購入して大規模栽培に着手した。しかし、生産物の品質が悪く、売上金が原木代や商品流通の運賃・中間マージン等に消えて収益を挙げるに至らず、昭和60年に結婚をしていた東京出身の同窓生の妻の嗜好に合わせて山小屋風の喫茶店を開業したが、これにも来客がなくて、平成4年に子どもの誕生を契機に北海道へ転出した。

　転入❾は、神奈川県鎌倉市出身の音楽家で、自然と融合した生活を目指して、大学同窓生❶の案内で家族を連れて昭和58年に入居した。転入前には定時制高校の教員をし、ミュージカル劇団の演出をしていたが、現代都市の管理社会からの脱出と自然の中での子どもの養育を目指して来住している。当初には、隣接する上世屋の空き家に居住し、昭和58年に木子の空き家に移り、さらに昭和60年に離村戸の矢野姓の親方株⑥の宅地を購入して、家族の労力でもって3階建てのログハウスを建築した。子どもの通学に関しては、「木子分校」が既に昭和41年に一時閉鎖となっていた上に、「日置中学校世屋上分校」も昭和50年に廃校となっていたので、小・中学生は宮津市が配車したスクールバスを利用し、高校生は自転車で日置に出て、そこから路線バスを使って宮津まで通うことになった。現金収入源は定期的に出かける鎌倉方面での演出指導と、昭和63年から始めたペンションの経営に求

めてきた。ペンションの利用者は、当初には舞台仕事の縁故で関東方面から多く来たが、次第に遠方からの来訪者が減少したので、平成3年からは音楽活動の指導者として丹後地方の各地に出張し、妻が平成10年頃から宮津市営の世屋高原家族旅行村「しおぎり荘」の臨時厨房員になった。また、妻は平成15年からその文化人的教養をもって世屋地区を地盤とする宮津市議会議員に3期当選しており、その後も娘が市議会議員に選出されて、木子の簡易水道の敷設に道筋を付けている。

　転入❿は、❾の教え子で、高校卒業後に都市生活から逃避する形で昭和59年に師を慕って単身で転入し、ボランティア的に❾のペンションの建築や接客の手伝いをし、スクールバスの運転収入によって生活していたが、京都からの宿泊客と知り合って、昭和64年に結婚の目的と所持する特殊運転免許の活用の場を求めて京都市に転出した。

　転入⓫は、京都市の出身で、昭和59年に現代都市の管理社会から脱出する形で❶の畜舎施設に単身で住み込み、育牛の技術を習得した上で昭和63年に下世屋の空き家に移住して数頭の牛を肥育してきた。その後、木子の「国営農地開発事業」への入耕を申請して承認されたが、資金・労力の不足と両親の説得によって辞退している。

　転入⓬は、単身の放浪写真家で、昭和60年に空き家を借りて入居し、自家用食料を栽培する傍ら、各地の写真撮影に出かけていたが、平成4年に集落の近くで事故死をした。

　転入⓭は、大阪府の出身で、「世屋高原家族旅行村」で約2カ月間アルバイトをした後に、❶の畜舎施設に単身で住み込んだが、平成4年に行方不明で転出した。

　転入⓮は、神戸市の出身で、平成1年に静かな田舎暮らしに魅

惑されて妻子を連れて転入したが、平成 5 年に妻と子どもが教育環境と生活費の問題で神戸に帰り、男姓一人の暮らしになった上に、平成 27 年頃から冬季には不在になっている。

（4）平成 5 〜 8 年：事業破綻による都市逃避型と芸術環境志向型の一家転入

転入⓯は、大阪府の出身で、スポーツ用品販売業の倒産により都市社会から逃れる形で昭和 62 年に上世屋の空き家を借りて入居し、戸主が慣れない林業労務に従事し、妻が行商や手打ちうどん店等を開いて暮らしていたが、平成 1 年に木子の「国営農地開発事業」の入耕募集に応募し、畑地 2 町 4 反歩を取得して通耕するようになった。その後、バブル景気が崩壊して安定経済成長期に入った平成 5 年に、残留戸がこの事業に反対して売却せずに原野のまま残地となっていた造成団地の一画を購入し、ペンションを建設して転居してきた。ペンションの経営は、妻が大阪で勤務していた学校関係者や出身大学の友人等による利用があって、静かな自然環境と温かい家族的なもてなしに癒されるリピーターが多く、平成 15 年にバーベキュー棟を、さらに平成 25 年には自給自足用コテージを各 1 棟増設しているが、後継者の配偶者探しに困って仲介業者の斡旋に頼っている。

転入⓰は、大阪府出身の家電工場の経営者で、平成 5 年に経営不振により事業を撤退して都市社会から逃れる形で単身転入したが、山地で活用できる技術を持たなかったために草刈りや道路補修等のアルバイトで生活をしている内に、健康を害して平成 29 年に大阪に戻った。

転入⓱は、奈良県出身の草木染師で、全面廃村化した平成 8 年に作品の自然素材を求めて妻子を連れて転入したが、デザイン制作に没頭して一人暮らしになっている。

　こうして、昭和50年代には第一次・第二次の石油危機によって資源多消費型産業が衰退し、為替レートの変動相場制への移行や公害・環境破壊に対する規制強化によって企業収益が低下して労働力・原料・経費の減量化が社会的課題となり、高度経済成長期から安定経済成長期に入ると共に、とくに都市部では就職環境が悪化して競争社会化と管理体制の締め付けが激化したことにより、都市生活とは対極的な自然生活を求める放浪的な人口移動が発生した。この時期には、ベトナム戦争の終息によりべ平連（ベトナムに平和を！市民連合）が解散し、イデオロギー的な緊張感が崩れて脱力感が漂う社会情勢が蔓延し、小市民的な生活に共感するフォークソングが流行する一方で、学校現場では詰め込み教育が進行して、校内暴力やいじめ事件が横行するようになり、落ちこぼれて行き場のない集団が「竹の子族」となって歩行者天国で鬱憤を発散させる現象が生じた。

　そうした時代背景の中で、病巣化した都市社会から自然が残る隔絶地を志向する放浪者が、人の去った廃村地に単発的に逆流してくることになったが、その場合でも全ての廃村が移住の対象になったわけではなく、木子の場合には昭和39年に多くの林野が国有地となった後にも、宅地・田畑が地目変更や所有者の名義を変えずに不在地主の遊休地となって残っていたことが、そのような放浪的な転入戸の受け皿になったものといえる。しかし、ここでは部外者への土地売却を禁止する内規や農地法の規制によって転入戸は耕地や宅地を所有することができず、定住が叶わなかった。また、転入戸の側にも家族構成の変化によって教育環境の不備や現金収入源の欠如の問題が浮上し、長期に及ぶ生活維持には限界があったといえる。その結果、こうした単発での放浪的な脱都市生活者の転入は廃村の蘇生力には殆どならなかった。

　それに対して、バブル景気崩壊後の平成3～17年には景気後退による就職氷河期が続き、契約社員や派遣労働者等の非正規雇用者が増加して都市生活が一層不安定になるが、一方で山村や離島においては自治体・NPO・企業等による学校の児童・生徒を対象とする「山村留学」制度や、社会人を対象とする「移住・定住促進事業」が始まり、「過疎地」の組織的な利用形態が拡充してきた。それに伴って、山地集落側では不確定要素の多い個人的な流入を敬遠するようになり、木子においても平成9年以降にはそれまでにみられたような精力的で無鉄砲な転入が途絶えることになった。さらに、平成21年以降には総務省「地域自立応援課」が策定した「地域自立推進要綱」の公布を受けて、自治体が地方交付税を財源にして「地域おこし協力隊」等の組織を立ち上げ、都市からの移住者を国家的事業として募集するようになり、自力での転入戸は完全に姿を消すことになった。

17章　木子での準廃村化以後の地域開発
計画の展開

　木子では、宅地・水田・常畑を部外者に転売することが認められず、またそれらは地目変更の措置もされずに放置されてきたために、準廃村化段階においても多くの転入戸の受け皿になると共に、各種の「地域開発計画」の対象地になってきた。しかし、その地域開発計画の策定は、地方行政の直轄機関である宮津市が産業不振の状態にありながらも「過疎地域対策緊急措置法」による「過疎市町村」の指定を受けていなかったので自主財源に乏しく、京都府や政府等の外郭の行政機関に委ねられることになった。

17-1　丹後縦貫林道の建設

　「丹後縦貫林道」は、京都府が丹後半島東部地域の森林資源の開発と地元産業の発展を目的にして昭和44年に着工し、昭和55年に完工した広域幹線林道で、天橋立近傍の大宮町三重の大内峠を起点とし、丹後半島の尾根を縦貫して日本海岸の丹後町上野に至る、総延長46kmの二車線の舗装道路である。その管理は、「京都府丹後広域振興局農林商工部森づくり推進室」が行い、沿線には「京都府立碇高原総合牧場」・「弥栄町森林公園（スイス村）」・「太鼓山青少年山の家」・「世屋高原家族旅行村」等の公共施設が点在している。この開通によって丹後半島の東部山地には観光地

化の曙光が射し込むことになったが、木子ではその完工時には
既に在来戸が3戸のみの準廃村化の最終的局面に至っていた上に、
そのルートが上世屋の地籍内を通過して木子の集落から若干外れ
ていたので、直ちには生活利便や観光開発に資することにならず、
それによるUターン戸は全くみられず、さらに10年以上定着し
た転入戸も3戸に止まっている。

17-2　国営農地開発事業の展開

　丹後地方は、農林水産省が管轄する「農地開発事業」の中では
農地造成に適する山林・原野などの未墾地が本州では最大の規模
で存在するとみなされて（農林水産省構造改善局開発係1987）、昭
和50年に丹後1市6町が「広域農地開発事業計画樹立調査計画」
を策定し、昭和54年に「丹後広域農地開発連絡協議会」を結成し、
それを昭和57年に「丹後地域国営農地開発推進協議会」と改称し
た上で、昭和58年から丹後東部地区（2,699 ha）において、さらに
昭和59年から丹後西部地区（692 ha）において農地造成事業を開始
した。

　その丹後東部地区に含まれる宮津市域では、木子第1団地
23.7 ha・第2団地5.6 ha・第3団地8.5 ha・第4団地5.8 ha、松尾
団地16.5 ha、上世屋団地85.3 haの6地区が開発対象地に指定さ
れたが、木子では残留していた2戸（①㉟）が、この事業をただ自
然を破壊するだけで、地域の活性化には何ら繋がらないと訴えて、
宮津の合同庁舎前で筵旗を立てて反対の抗議デモをした。しかし、
「国営農地開発事業団」は昭和61年に木子第1団地（アゲシ地区）
で入耕者を募集し、バブル景気が進行する昭和62年に耕地の造
成工事を始めて、昭和63年10月にその内の第1工区7.7 haでレ

ンゲ等の緑肥作物・菜種・花卉を作付けし、さらに昭和64年の春に第2工区9.5haでも耕作を開始して、平成1年に圃場の引き渡しを行った。

　その入耕者の土地の所有形態は、本来では地主が事業に参加して、地主が耕作者に土地を貸与して小作料を取る方式になっていて、「農業開発公社」がその小作人を探して地主と小作の間を取り持つことにしていたが、木子の場合には離村者が多い上に、それらの不在地主が土地の貸与方式よりも売却方式を求めたことと、入植者も購入を希望したために、地主と耕作者が直接に売買することになった。また、その際の土地の売買価格は基本的には地主と買受人の交渉によって決めることが本筋であったが、「木子団地」においては「農地利用促進法」に基づいて宮津市が近年の価格を参考にして調停することになった。それによって地主は農地を一旦「農業開発公社」に預け、それを公社が農用地として買受人に斡旋し、買受人が「土地改良法」の三条資格者(耕作者)となってその費用を負担する形式になった。

　その結果、地主からの買収金は1反歩(台帳面積)当たり15万円程度であったが、購入者の負担金額はそれに工事費等を含めて算出されることになった。しかし、耕作者の実際の負担はその全経費の1.5割(国負担7割・府負担1.5割)とされ、しかもその経費の中心となる工事費は、丹後地域の全事業が完成した翌年にその全出費を開発面積によって単価計算することになり、それを3年据え置き、15年分割で返済することになった上に、その事務経費は市町村の一般会計(地方交付税)で賄ったので、土地の取得値は相当に軽くなっており、そのために将来の土地の値上りだけを目論む購入者の参入を防ぐ目的で、15年間の転売禁止・8年間の用途変更禁止の条項が付けられた。

　そうした経緯の中で、この開発対象地の地主は43名となり、その内の32名（74.4％）が売却に応じているが、不参加者の中でもとくに残留2戸（①㉟）が徹底して要所の売却を拒んだために、造成団地の一角に残地となった区画が生じ、そこに平成5年に入耕者が「ペンション自給自足」を建設して上世屋から転入してきた。

　入耕者は、募集の当初には8名の申し込みがあったが、途中で2名が辞退して6名となっている。それら6戸の入耕者の居住地と職業は、ⓐ昭和48年に宮津市内から木子に転入してきた育牛経営者、ⓑ上世屋の育牛経営者、ⓒ下世屋の農家、ⓓ大宮町在住の宮津市職員、ⓔ宮津市在住の国鉄退職者、ⓕ大阪府から上世屋に転入してきた元スポーツ用品販売業者となっており、ⓐ以外の5戸が集落外からの通耕者となっていた。そのようにして、木子の離村戸や残留戸はこの事業には全く参入せず、また昭和60年以降に自然農法に憧れて都会から移住してきた転入戸も一切加わらなかった。

　また、入耕した6戸の経営面積は、造成地面積19.7 haの内の植栽地17.2 haを希望に応じて配分した上で、途中で辞退した下世屋のペンション経営者の配分地をⓔに、京都市から下世屋に転入してきた育牛者の配分地をⓐⓒに振り分けたので、ⓐ4町4反歩・ⓑ3町歩・ⓒ2町3反歩・ⓓ3町9反歩・ⓔ1町2反歩・ⓕ2町4反歩となっている。

　それらの入耕者の耕作物は、地目が畑地であることと、準高冷地で耕作期間が4〜11月末の半年間に限られていたために、全体では馬鈴薯3 ha、夏大根3 ha、夏出しカンラン2 ha、飼料作物6 ha、レタス・大カブ・花卉・菜種3 haとなっており、入耕者別ではⓐⓑが自給飼料作物（トウモロコシ）・野菜、ⓒⓓⓕが馬鈴薯・大根、ⓔが馬鈴薯・カンランとなっていた。しかし、いずれの場

合にも土壌が礫岩質の痩せ地であるために、大根等の根菜類の栽培には障害が大きくて礫の除去に多くの手を取られた上に、経営面では大根・カンラン・レタス等の生産・出荷には多額の肥料代・箱代・運送費・手数料が必要であったので、収益性に大きな問題を孕んでいた。

　その結果、耕地の約半分は10年間で放棄され、中でも遠距離通耕をしていたⓓⓔは2年未満で撤退し、ⓒも黒豆・甘藷・オリーブ栽培等への転作を試みたものの失敗している。また、ⓑも平成3年頃に牧場経営をやめ、ⓕも平成5年にペンション経営に転向して農業から手を引いた上に、ⓐも平成8年に戸主が死亡して全てを放置している。それによって、入耕者はこの間に土地の造成費が高騰して返済金が増えた上に、それを転売することができなかったので借金を残すのみとなった。

　農林水産省は、この惨憺たる実態とバブル経済の崩壊に直面して、宮津市内の第二次開発計画（木子第2団地・同第3団地・同第4団地・松尾団地・上世屋団地）の起工を中止している。

　こうして、この事業は結果的には「日本列島改造論」の延長線上に展開したバブル経済期に特有の土木工事主体の破壊活動に終わり、在住の2戸の残留者が危惧した通りに木子の地域開発には殆ど成果をもたらすことなく終結した。

17-3　宮津市営「世屋高原家族旅行村（しおぎり荘）」の設置と閉鎖

　昭和48年の石油危機以降の鉄鋼・造船・石油等の重厚産業の低迷によって、レジャー産業の育成が注目される経済情勢の中で、昭和55年に宮津市農林課が「世屋高原地域総合整備計画（世

屋の郷計画）」を立案し、昭和59年に上世屋に宮津市営の宿泊施設「世屋高原家族旅行村（しおぎり荘）」を開設した。それに合わせて、「丹後縦貫林道」の全面舗装化と二車線構造へのリフレッシュ工事が始まり、平成2年には「しおぎり荘」の利用者が1年間で3,239人に達している。しかし、その施設は上世屋が土地を提供して設置されたものであるために、木子にとっては近接地にありながらも、その運営に関わる機会もなく、雇用機会の創出にも繋がらなかった。

　そうした日本の産業構造の再編過程の中で、昭和62年に「総合保養地域整備法（通称リゾート法）」が制定され、全国的に都道府県が策定する大規模なリゾート施設が開設され始めると、「しおぎり荘」の利用者は大きく減少して、平成27年には年間1,000人前後にまで落ち込むことになった。そこで、宮津市は施設の運営主体を従来の民間業者から地元住民が主体の「世屋高原活用協議会」に移し、その構成員に木子の転入1戸を加えることにしたが、それによっても利用者は増えずに、施設の老朽化が進んだため、令和2(2020)年に宮津市がそれを管理制度の対象外とし、令和3年に閉鎖した。

17-4　京都府立「丹後海と星の見える公園」の開設とその経緯

　昭和62年の「総合保養地域整備法（通称リゾート法）」の制定に基づいて京都府が策定した「丹後リゾート構想」に即応して、宮津市が平成2年に「丹後リゾート公園計画」を立案した。その開発計画では当初には「世屋・木子地区」を対象地としていたが、後に海岸に近い「里波見地区」に変更して、「京都府立丹後海と星

の見える公園」として開設している。その場合にも、設営地の選考段階では、一旦は木子が候補地として取り上げられながらも、地目転換を放置している土地が多くて農地転用上の問題が浮上した上に、土地所有関係の複雑さが障害となって、結果的には対象外とされている。

　こうして、木子では公的な地域開発事業においては特段の展開をみることができず、僅かに転入戸による個人経営の畜産体験研修所やペンションの開業といった小規模リゾート地への転進が試みられたに過ぎなかった。しかし、そうした個人経営による単発的な小規模開発でもってしては、「家族旅行村」の閉塞状況からみても、更なる発展の見込みは極めて薄いとみなされる。

結　　　び

　廃村化の機構と要因には、概念的には内部からの自壊作用（押出要因）と外部からの破壊作用（吸引要因）が関与するとみなされるが、現実的にはそれらは相互的な関係にあり、木子と駒倉の場合には前者の自壊作用がより重要な側面となっていた。

　その内部からの自壊的側面については、自然環境に適応した自立性の強い多品種少量生産型の自給自足的な集落（一次的生活空間）における生業の壊滅と社会崩壊の問題がある。

　また、外部からの破壊作用については2つの問題が明らかになった。ひとつは明治以降に成立した世屋村（二次的生活空間）内における集落間の行政的・社会的な競合関係の進行によって引き起こされた相対的な辺縁化・疎外化の問題である。もうひとつは農林産物の出荷・就業・通婚・高校通学圏となってきた地方都市圏（三次的生活空間）内における社会経済的な関係の希薄化による絶対的な隔絶化・孤立化の問題である。

　その内の集落の生業の壊滅の問題に関しては、昭和27年頃からの焼畑農業の衰退に始まり、昭和30年頃からの薪炭業と常畑での行商直販型の小商品生産の壊滅、及びカンラン栽培からの撤退と木炭焼き子稼業の終焉、さらに昭和39年の犢取りの閉塞に至るまでの僅か12年間における急激な変転に伴う出来事であった。また、その集落の社会崩壊の問題に関しては、経済的階層の分断構造による脱落者の発生と、権威主義的な親方株・区長株の支配に対する反撥による住民間の結束の弛緩に伴う事象であり、とくに親方子方制が社会に深く浸潤していた木子では、戦後も農

地改革による成果がみられずに階層の分断構造が温存され、抑圧
的な集落運営が営まれたことによって、個別分散型の廃村化離村
が生じた。それに対して、親方子方制が早くに消滅して比較的に
平準な階層構造をもっていた駒倉では、民主的で共同的な集落運
営が営まれたことによって、集落社会維持型の集団離村を実現し
たとみなされた。

　それによって、駒倉には集落を偲ぶ石造の集落跡碑や寺跡碑が
建立されているが、木子にはそのような記念碑が全く残されてい
ない。

　一方、二次的生活空間内における疎外化の問題に関しては、文
化的・福祉的な画一化を進める地域行政の展開の中で、政治的な
地域エゴイズムの表出によって教育・道路・消防等のインフラ施
設や行政サービス面での地域格差問題が発生して、通学・通婚等
の経済外的理由による集落の崩壊が助長され、廃村化が進行した。

　また、丹後半島内での三次的生活空間における地域的な結合関
係の変化の問題に関しては、その経済的な側面では丹後機業の発
展に伴って農林産物の需要を一時的に喚起したものの、道路の整
備が劣悪な環境の下では小規模な産地を形成したに留まった上に、
燃料革命などによって一気に見放されることになって、常にその
景気動向に著しく翻弄されてきた。また、機業の発展によって労
働力需要を喚起したが、実際にはその必要な労働力は主として平
地の農漁業集落での副業型の賃機兼業によって賄われていて、山
地集落にとっては中学校卒業生が吸引されたに留まり、地域間格
差を拡大して不安定化を招くだけのことになった。そのために、
動力電線が未架設で賃機兼業化が不可能な木子と駒倉では廃村化
が余儀なくされた。さらに、その際には平地の機業兼業集落に現
れた遊休農地が挙家離村の受け皿となったが、昭和49年の生糸

一元輸入制度の導入による後染機業の壊滅によってその離村戸の
受容の余地が無くなり、廃村化が終息した。

　また、その社会的な側面についてみると、山地集落の通婚先が
二次的生活空間を越えてより利便性と経済力の高い地方中心地と
結びつくようになって、結婚適齢期の女子が遠方に流出すること
になるに伴い、嫁飢饉を生じて廃村化が進行したとみなされた。
その上に、昭和37年頃から都市部における学歴社会化の進行に
誘発されて高等学校への進学熱が高まり、その進学圏域内に編入
されるに従って、交通環境の厳しい通学限界地の集落では上層部
からの離村が進行して部分廃村化段階に突入した。

　こうして、二次的・三次的生活空間における社会経済的な変容
が、地域格差問題を派生して集落の崩壊を促すと共に、平地部で
の離村戸の受容力増進が廃村化を誘導することになった。その結
果、そうした変容に対する抵抗力や対応力が異なる一次的生活空
間の性格によって、廃村化の形態に著しい差異が生じることにな
り、課題の解明には各集落の個別的な特性についての詳細な比較
分析が必要となることが判明した。

　そこで、伝統的集落の諸特性の根底にある自然地理的な立地環
境と廃村化との関係を検討した結果、自然災害が比較的に軽微で
あった木子では権威主義的な分断型の社会形態を長く温存して戸
数の減少を抑制してきたが、地質・地形条件が厳しくて自然災害
が多発してきた駒倉では戸数の減少が早くから進行した反面で、
比較的に団塊的な纏まりの良い社会構造を生じていて、廃村化過
程の最終的局面において木子では個別分散型離村の形態をとり、
駒倉では集団離村の形態を実現したことが明らかになった。

　一方、人為的災害である火災の発生状況と廃村化との関係につ
いては、駒倉では居宅が杓子状の狭い地辷り性凹地に垂直的に凝

集していて、集落が全焼する危険性が極めて高かったので、共同
体組織の一環として防火組織を立ち上げ、消防施設の整備を進め
てきた結果、幕末の大火以降には昭和48年の完全廃村まで一度
も火災をみることがなく、火災によって離村が引き起こされたこ
とはなかった。それに対して、木子では度重なる大火災の試練を
受けながらも、それが親方子方体制の下で集住する小地域集団を
単位にして分散的に発生したために、集落単位での防火・消防施
設への大規模な投資がされなかった結果、昭和34年には17戸が
焼失する大火を出し、その内の下層部の9戸が抑圧的な村落社会
から逃れるようにして即刻に離村し、一種の社会病理的な戸数の
劇的な縮小期を迎えることになったことが明らかになった。

　その上で、それらの廃村過程の形態をみると、挙家離村には単
なる戸数規模の縮小化離村と集落消滅に至る廃村化離村との区別
があり、その境界は最下層より中層へと波及していく下層先行型
離村から、最上層や中核層より中下層へと進行する上層先行型離
村への階層的逆転をみる転換点にあって、その時点から全面廃村
化までの戸数の欠落過程を部分廃村化段階とみなして、その開始
年次をもって廃村化の始期とすることを提唱した。さらに、その
最終的局面においてもなお若干戸が残存する場合には、景観的に
は全面的な荒廃を免れているが、村落社会としては壊滅している
ものとして、準廃村として扱うことを提言した。

　その観点でみると、冬季出稼ぎが重要な収入源となっていた駒
倉では、昭和38年の豪雪災害によって多くの突発事故型の離村
が生じたが、部分廃村化はその前年に既に始まっていて、豪雪災
害はそれを後押ししたに過ぎなかったことが判明した。また、木
子でも離村過程における階層的逆転現象は昭和37年に現れてお
り、昭和34年の大火後に建て替えられた新築家屋が多かったの

で豪雪による直接的な被害が少なくて、その年の離村は僅かに1
戸に過ぎず、三八豪雪によって廃村化したという通俗的な説明は
実情には合致していないことが分かった。

　そうした検証の上に立って、廃村化に繋がる集落の社会崩壊を
導いた最も重要な内部的要因としては、経済的・社会的な階層構
造の問題が挙げられる。駒倉では、明治時代の初期から耕地所有
面積では階層間格差の少ない団塊型の構造を呈していたが、多発
する水害によって早くから破産型離村や最上層からの僻地環境忌
避型離村が進行して平準化が一層進行すると共に、各戸の階層的
序列にも大幅な転換がみられて、明治時代の末期には早くも親方
子制が消滅し、それに伴って区長の選出方法も民主化された上
に、戦後においても農地改革によって経済的な均等化がさらに進
み、相互扶助的な結束性が維持されてきていた。しかし、高度経
済成長期に大都市域への季節的出稼ぎが進んで個人主義的な価値
観が浸潤したことによって、三八豪雪を機にして一気に脱出型の
離村競争が生じて集落解散の決議を招くことになったが、それに
もかかわらず最終的にはこれまでに醸成された相互扶助的な結束
力がなおも堅固に残留していて、社会組織維持型の集団離村に
至ったものとみなされた。

　それに対して、木子では明治時代の初期から耕地所有面積で比
較的に格差の大きい分断型の階層構造を呈していて、その後も自
然災害の少ない環境の中でその状態が堅持されてきた。それと共
に、社会的な階層構造においても封建的・身分的な主従関係をも
つ親方子方制が浸透し、区長職や村会議員もその親方株によって
独占されてきた。さらに、戦後も親方株の小作地隠しによって農
地改革が妨げられ、階層分断の構造が温存されることになり、そ
の強引な離村抑止策によって戸数の安定をみてきた。しかし、最

終的には村落社会への離反型離村が連続して社会崩壊を招き、個別分散型の廃村化が一気に進むことになった。

　そこで、次に廃村の再生問題についてみると、全面廃村化した段階では人と土地所有権が集落外に流出しているために、それを取り戻して居住地化することは極めて困難である。実際に、駒倉では土地の全てが営林署の造林用地となっており、林道の建設等によって完全荒廃化は免れてはいるが、居住地として再利用される見込みは少ない。また、木子では準廃村化の段階に多くの放浪的な都市脱出者の転入をみたが、耕地の売買を認めない内規や厳しい自然環境についての理解不足と生活基盤の不整備等によって多くが短期間で挫折して転出している上に、その段階において始まった「国営農地開発事業」に対しても在来戸は土地利用の困難さを熟知し、離村戸も従前からの集落社会に対する反感が強くて全く参入せず、さらに外部からの入耕者も全てが10年足らずで撤退していて、造成された耕地は放置されて荒廃するに任されている。加えて、その他の観光開発計画も土地所有形態の複雑さによって敬遠しており、再生への道が閉ざされている。

　駒倉と木子は共に世屋山地の高原面に隣接して立地し、明治22年の戸数規模が46戸と55戸の大集落であったが、駒倉では火砕岩質の礫岩が露出する急傾斜地にあるために自然災害が頻発し、環境忌避型離村が早くから生じて、戸数規模の縮小と、社会経済的な階層構造の平準化が進行し、最終的には民主的な区会の決議を経て集落地籍の全てが営林署に売却されて、集落社会維持型の集団離村をした。そのため集落の跡地は国有化されて林地となり、集落蘇生の余地は無くなっている。

　一方、木子では頁岩・砂岩が露出する緩傾斜の地辷り性凹地に

あるために自然災害は少なくて、三八豪雪によっても戸数規模は保たれてきたが、社会経済的階層の分断構造が温存され、上層部による専断的な集落運営が行われてきたために、最終的には集落社会忌避型の個別分散型離村が進行して自滅的に廃村化したので、旧来の集落社会を取り戻すことは不可能であり、残存したいびつな土地所有構造によって新たな利潤追求型の再開発は極めて見込み難いものとなっている。

参考文献

青野壽彦 1969. 丹後・久美浜町における農村織物業の展開 —— 農村工業地域形成の一事例研究 ——，人文地理 21-1, pp. 22-62.

赤松陽二郎 1987.『落人の里，木子物語(稿本)』p. 11.

安達生恒 1968. 過疎とは何か，島根大学農学部農山村地域開発研究調査室，農林開発 1 号，p. 76.

安達生恒 1971. 過疎の進行と対策の新しい視座，経済評論 10 月,『現代のエスプリ』至文堂 66 号再録，pp. 184-194.

網野町誌編さん委員会 1994.『網野町誌上巻・中巻』.

有賀喜左衛門 1943.「日本家族制度と小作制度」,『有賀喜左衛門著作集 I』所収，未来社，pp. 57-67.

市川健夫 1984. ブナ帯における伝統的農耕と生活,『日本のブナ帯文化』所収，朝倉書店 p. 11，pp. 28-130.

今井幸彦 1968.『日本の過疎地帯』岩波書店，p. 200.

今沢美喜雄 1971.『伝説に生きた村，雪ぐれの里，駒倉上巻』，宮津市明るく正しい選挙推進協議会編，pp. 18-19.

今沢美喜雄 1972.『伝説に生きた村，雪ぐれの里，駒倉中巻』，宮津市明るく正しい選挙推進協議会編，pp. 1-3.

伊根町誌編纂委員会編 1985.『伊根町誌(下巻)』pp. 51-70.

上野福男 1986.『日本の山村と地理学』農林統計協会.

大島襄二 1972. いわゆる過疎の地理学的考察，関西学院史学 14，pp. 21-50.

大西芳雄他 1960. 町村合併 —— 京都府岩滝町・旧五十河村の町村 ——,『立命館大学人文科学研究所紀要』第 9 号.

大江俊実 1972. 無題(甘藍の栽培),『高原の碧霄』，大四手第二世命名式記念，pp. 105-107，p. 202.

太田陸郎 1936. 但馬の親方子方制度，近畿の民俗 1 号，pp. 49-58.

小川静風 1972. 流転廻想『高原の碧霄』所収，大四手第二世命名式記念，p. 52.

小川元吉 1972. 還暦の追憶,『高原の碧霄』所収，大四手第二世命名式記念，p. 142.

奥丹後社会科研究会 1971.『昭和 46 年 8 月現地調査報告』.

上宇川地区公民館 1989.『川と人とふるさとと —— うかわ』p. 77.

勝田 均 1964. 山村と挙家離村 —— 丹後半島の一事例，人文地理 16-6，p. 79.

門脇貞二 1986. 丹後王国論序説,『日本海域の古代史』所収, 東京大学出版会, pp. 248-27.

環境庁 1982.『京都府現存植生図(第2回自然環境保全基礎調査(植生調査))』.

関西学院大学文学部基礎演習Ⅱ：大島譲二指導 1973.『近畿の過疎』pp. 126, 142-145.

菊地勇夫 2014. 東北地方における名子制度・刈分小作と凶作・飢饉——1930-70年代の研究史を読み解く——,『気候適応史プロジェクト成果報告書1』大学共同利用機関法人人間文化研究機構, 総合地球環境学研究所所収, pp. 77-90.

木下英司 1988.『ふるさと味土野の歴史——記録と供養——其の三　金剛童子』.

京都府 1979.『植生調査報告書(第2回自然環境保全基礎調査)』.

京都府与謝郡郡役所 1923.『京都府与謝郡誌』, a：上巻p. 38, b：下巻pp. 100-101.

京都府郷土誌叢第10冊『丹後国中郡誌稿』臨川書店, pp. 407-410.

京都府産業能率研究所 1959.『丹後機業の現況』pp. 5-19.

京都府農林水産部農林振興課 1997.『土地分類基本調査(宮津)』pp. 113-117.

京都府立宮津高等学校郷土クラブ 1972.『過疎』p. 4.

京都府総合資料館 1968.『京都府市町村合併沿革史』p. 159.

郷土研究クラブ 1970.『過疎』p. 25.

国土庁地方振興局過疎対策室 1982.『過疎対策の現況』pp. 110-111, 146-150.

国土庁地方振興局過疎対策室 1995.『平成6年度過疎対策の現況』pp. 118-120, 226-227.

小山元孝・林　直樹・関口達也・斎藤　晋 2015.『消えない村——京都丹後の離村集落とその後』たつみ印刷, p. 21.

近藤康男 1953.『日本農業の統計的分析』東洋経済新報社, p. 25, 34.

坂口慶治 1966. 丹後半島における廃村現象の地理学的考察, 人文地理 18-6, pp. 39-78.

坂口慶治 1968. 廃村(Wüstung)の研究, 人文地理 20-6, pp. 51-69.

坂口慶治 1970. 過疎地域とその開発, 地理 15-6, pp. 40-45.

坂口慶治 1973. 挙家離村統計に関する地理学上の二・三の問題点とその観察結果, 京都教育大学附属高等学校研究紀要 第Ⅷ号, pp. 23-35.

坂口慶治 1974. 丹波高地東部における廃村化と耕地荒廃の過程, 地理学評論 47-1, pp. 21-40.

坂口慶治 1975. 京都市近郊山地における廃村化の機構と要因, 人文地理 27-6, pp. 1-32.

坂口慶治・水山高幸・小谷聖史 1980. 地方自治体における狭域単独町の維持要因と問題点 —— 京都府岩滝町の場合，『町村の広域化と地方自治』所収，古今書院，pp. 252-276.

坂口慶治 1986. 僻地における人権問題の特質についての地域論的考察，『京都教育大学人権の教育に関する研究』pp. 59-67.

坂口慶治 1987. 『近畿内帯山地における廃村現象の地理学的研究』，筑波大学博士論文.

坂口慶治 1989. 鈴鹿山地北部の旧脇ケ畑村における廃村化の機構とその集落的・地域的要因(上・下)『京都教育大学紀要A』74 号，pp. 167-195，75 号，pp. 161-183.

坂口慶治 1989. 近畿内帯山地における廃村現象とその自然的条件についての分布論的考察，浮田展良編『日本の農山漁村とその変貌』所収，大明堂，pp. 289-315.

坂口慶治 1997. 空間論的に見た環境問題の性格，京都教育大学公開講座『さまざまな環境と私たちの生活』資料.

坂口慶治 1998. 丹後地方における廃村の多発現象と立地環境との関係，その1 地形的・地質的条件との関係. 京都教育大学環境教育研究年報第6号 pp. 51-82.

佐々木高明 1972. 『日本の焼畑』古今書院，pp. 22-39，310-311.

滋賀県農林部土地改良局 1973. 『開拓のあゆみ』pp. 142-143.

島田正彦 1968. 漁業不振と奥丹後漁村 —— 広がる機業兼業をめぐって ——，人文地理 20-2，pp. 1-30.

柴田 実監修 1981. 『日本歴史地名大系，京都府の地名』平凡社，a：pp. 765-766，b：pp. 807-808.

自治省過疎対策管理官室 1972. 『過疎地域の現状と対策(過疎白書)』pp. 98-112，146-150，205，214.

杉之原寿一 1953. 但馬における親方・子方関係の実態，京都大学人文科学研究所調査報告 10 号，pp. 1-50.

杉本 寿 1944. 『農山村経済の基礎的研究』湯川弘文社，p. 277.

世屋下尋常高等小学校編 1915. 『郷土誌』pp. 20-21.

世屋農業協同組合木子区農会編 1959. 『昭和33年度作付反別自作・小作・藤地別一覧表』.

高橋達夫 1970. 丹後半島における挙家離村と機業，人文地理 22-4，pp. 454-475.

力石碑建立世話人会 2018. 『忘れえぬ里 力石 ——「碑」建立記念誌』p. 4.

角田文衛他 1982. 『角川地名大辞典，京都府上巻』角川書店，p. 482，617，862，pp. 1368-1370.

丹後織物協同組合 1981.『丹後機業の現況，昭和56年版』.

丹後社会科研究会 1964.『宮津市成谷，木子，駒倉，東谷の離村問題』.

中西典子 2013. 過疎高齢地域の産業と福祉をめぐる小規模自治体と事業者との連携(上) —— 京都府与謝郡与謝野町における調査研究を基に ——，『立命館産業社会論集』49-1，pp. 78-79.

永濱宇兵 1922.『三重郷土志』三重郷土志刊行会，pp. 409-411.

永浜宇兵 1972.『丹後史料叢書第4輯』再録，p. 256.『丹後国諸庄郷保惣田数帳』，（第6輯）再録，pp. 246-250.『丹哥府志，巻之4』（第9輯）再録，pp. 564-569.『田辺舊紀』（第9輯）再録，pp. 564-569『宮津舊記』京都府総合資料館蔵.

奈良正路 1931.『入会権論』万里閣，pp. 336-348.

野崎治男 1960. 岩滝町の社会構造，pp. 70-102，五十河村の社会構造，pp. 208-235，『町村合併 —— 京都府岩滝町・旧五十河村の調査』所収，立命館大学人文科学研究所紀要9号.

農政調査会 1963.『挙家離村』日本の農業 No. 25-26.

野尻重雄 1937.『農民離村の実証的研究』岩波書店.

農林水産省構造改善局開発係 1987.『農地開発の実施と手引き』地球社.

橋本征治 1987. 家制度と村落社会 —— 四国山地における隠居制山村の場合，歴史地理学紀要20，pp. 269-292.

蓮見音彦 1968. いわゆる過疎問題の構造，地域活動研究3号，『日本農村の展開過程』.

深町加津枝・奥　敬一・横張　真 1997.「京都府上世屋・五十河地区を事例とした里山の経年的変容過程の解明」日本造園学会誌，ランドスケープ60-5，pp. 521-522.

福之内会 1990.『福之内誌』pp. 10-16.

藤原宗雄 1889.『ふるさと野間」の史実と伝説』p. 36.

前野弥兵衛 1887.『明治20年松尾村沿革調書』.

『明治20年沿革取調書「奥謝郡駒倉村」』，京都府立総合資料館所蔵.

『明治27年度丹後各郡町村財産資力表』，京都府立総合資料館所蔵.

宮津市教育委員会教学課 1875.『わたしたちのまちと学校のおいたちに関する資料』.

松本通晴 1971. 近畿北部村落における親方子方慣行，社会科学2号，pp. 145-155.

森　三次 1983. 京都府伊根町筒川地区における挙家離村の事例研究，駒沢大学大学院地理学研究13号，pp. 43-45.

矢野俊文 1973. 戦後における「過疎」「過密」形成のメカニズムについて，『商品生産の転換にともなう「過疎」地域の形成・変動』所収，広文社，pp. 7-10.

山口貞夫 1938. 焼畑の地理学的分布其他，地理学評論 14-1, pp. 1-23.

山口信治 1987. 過疎村における老人の意識と生活 —— 京都府宮津市上世屋の場合，佛教大学社会学研究所紀要 8 号，p. 31.

吉岡　守 1989.『天橋立ちりめん街道，灯りのあし跡』，関電京友会宮津支部 pp. 36-37.

弘原海清『大阪市立大学理学部卒業論文(未公表)付図』，丹後地質鉱物研究会編 1975.『丹後地質鉱物誌』.

米山俊直 1969.『過疎社会』NHK ブックス，p. 214.

渡辺兵力 1968. 過疎概念と過疎問題，『山村地域人口流動の諸問題』所収，山村振興調査会，pp. 25-26.

資　　料

表1　丹後半島東部山地の部分廃村化の時期

	明治時代	大正時代	昭和1〜23年	昭和24〜29年
	低年齢児童の通学問題	小学生の通学問題	部分廃村化の空白期	新制中学の長距離通学問題 経済的な地域格差問題
関係事項	明治19年 ・尋常小学校4年制義務化 明治33年 ・尋常小学校授業料無償化・就学監視強化	明治40年 ・尋常小学校6年制に延長	昭和2年 ・北丹後地震 昭和5年 ・繭価暴落 ・農業恐慌 昭和16年 ・国家総動員法による企業整備 ・丹後機業の逼塞 ・徴兵強化 ・戦後の社会経済の混乱	昭和25年 ・朝鮮戦争による特需景気 ・丹後機業の復興 ・食糧事情の改善による ・補助食料生産の斜陽化 昭和27年 ・焼畑農業の潰滅

明治5年の本籍戸数規模別の集落

	明治時代	大正時代	昭和1〜23年	昭和24〜29年
1〜5戸	7集落（100％） 瀬戸・大石畑・筬津・二股・箕ヶ供御・芦谷・岩野	6集落（75％） 熊谷・尾崎・滝谷・滝脇・栃谷・神山		3集落（42.9％） 中尾引・六谷・鉄谷
6〜10戸	0	1集落（12.5％） 下長延		3集落（42.9％） 西谷・表山・蛇谷
11〜20戸	0	1集落（12.5％） 内山		1集落（14.9％） 東谷
21〜40戸	0	0		0
41〜60戸	0	0		0
61〜80戸	0	0		0
合　計	［7集落］	［8集落］	［0集落］	［7集落］ （戦後開拓集落1を除く）

海抜高度別の集落

	明治時代	大正時代	昭和1〜23年	昭和24〜29年
120m以下		1集落（12.5％） 下長延		0
130〜240m	3集落（42.9％） 筬津・二股・箕ヶ供御	3集落（37.5％） 神山・滝谷・栃谷		3集落（42.9％） 西谷・蛇谷・東谷
250〜360m	1集落（14.3％） 岩野	2集落（25.0％） 熊谷・滝脇		3集落（42.9％） 中尾引・表山・六谷
370〜600m	3集落（42.9％） 瀬戸・大石畑・芦谷	2集落（25.0％） 尾崎・内山		1集落（14.3％） 鉄谷
合　計	［7集落］	［8集落］	［0集落］	［7集落］ （戦後開拓集落1を除く）

昭和30～37年	昭和38～39年	昭和40～46年	昭和47～平成2年	合　計
山地産業の潰滅 高校進学問題 自宅通学限界地の廃村化	三八豪雪(災害型廃村)	犢取りの行き詰まりによる育牛集落の部分廃村化	部分廃村化の終息期	
昭和29年～神武景気 昭和33年～岩戸景気 ・西陣出機の丹後進出による平地集落での機業兼業化の進展 昭和30年～ ・石油コンロの普及 昭和35年～ ・プロパンガスの普及による家庭用黒炭・雑薪生産の潰滅 ・焼き子稼業の終焉 ・小規模スーパー型商店の出店ラッシュによる農産物の行商直販型小売業の終焉 ・撚糸用燃料の重油ボイラーへの転換による業務用白炭・カシ・マツの規格薪生産の潰滅	昭和38年 ・出稼ぎ集落での離村競争	昭和39年 ・牛肉輸入自由化へ政府方針の転換 昭和40年 ・犢価格の急落 ・犢生産の閉塞	昭和49年 ・生糸一元輸入制度の導入 ・丹後機業の衰退 ・挙家離村の受容力減退	
6集落(33.3%) 三舟・浅谷・出合・大段・住山・茶苑	1集落(14.3%) 平家	1集落(6.7%) 道戸	0	24集落(36.9%)
4集落(22.2%) 牧・相川谷・小杉・舟ヶ谷	4集落(57.1%) 竹久僧・東野・乗田原・段	0	1集落(33.3%) 川久保	14集落(21.5%)
3集落(16.7%) 大宮町大谷・成谷・田坪	1集落(14.3%) 高原	9集落(60.0%) 内垣・小脇・神主・福之内・薦池・井谷・上山・丹後町畑・大石	1集落(33.3%) 弥栄町大谷	15集落(23.1%)
3集落(16.7%) 弥栄町畑・吉津・力石	1集落(14.3%) 吉谷	4集落(26.7%) 足谷・一段・三山・松尾		8集落(12.3%)
2集落(11.1%) 駒倉・木子	0	1集落(6.7%) 味土野	0	3集落(4.6%)
0	0	0	1集落(33.3%) 上世屋	1集落(1.5%)
[18集落]	[7集落]	[15集落]	[3集落]	[65集落]
2集落(11.1%) 相川谷・舟ヶ谷	0	6集落(40.0%) 内垣・三山・小脇・道戸・井谷・丹後町畑	1集落(33.3%) 川久保	10集落(15.4%)
5集落(27.8%) 牧・大宮町大谷・力石・弥栄町畑・田坪	3集落(42.9%) 吉谷・段・竹久僧	7集落(46.7%) 一段・神主・足谷・大石・松尾・福之内・上山	1集落(33.3%) 弥栄町大谷	25集落(38.5%)
3集落(16.7%) 三舟・浅谷・出合	1集落(14.3%) 乗田原	1集落(6.7%) 薦池	1集落(33.3%) 上世屋	12集落(18.5%)
8集落(44.4%) 大段・茶苑・住山・小杉・吉津・成谷・駒倉・木子	3集落(42.9%) 東野・高原・平家	1集落(6.7%) 味土野	0	18集落(27.7%)
[18集落]	[7集落]	[15集落]	[3集落]	[65集落]

表2　木子と駒倉の区長・世屋村役職歴の一覧

【木　子】

年　次	明　治											
任　期	区　長　任　期　2年											
世屋村役職	明22～24	25～26	27～28	29～30	31～32	33～34	35～36	37	38	39	40	41
村　長												
助　役	①											①
収入役							⑤	⑤	⑤	⑤	⑤	⑤
議　員	⑥	⑥	①	①	⑩	⑩	⑫	⑫	⑫	⑩	⑩	⑥
区　長		①	⑩	⑫	⑥	①	⑥	②	⑩	⑥	⑫	②

年　次	明　治			大　正													昭　和				
任　期	区　長　任　期　1年																				
世屋村役職	42	43	44	大1	2	3	4	5	6	7	8	9	10	11	12	13	14	昭1	2	3	4	5
村　長				①	①	①	①	①	①	①	①	①	①		①	①	①	①	①			
助　役	①	①	①																			
収入役																						
議　員	⑥	⑩	⑩	⑤	⑤	⑩	⑩	⑫	⑫	⑤	⑤	①	①	⑫	⑫	⑩	⑩	③	③	㉒	㉒	⑫
区　長	⑩	⑤	②	⑥	⑩	⑦	②	⑤	⑪	②	⑦	⑩	⑫	②	①	⑫	⑤	⑰	⑩	⑨	⑫	㉒

年　次	昭　和																							
任　期	区　長　任　期　1年																							
世屋村役職	6	7	8	9	10	11	12	13	14	15	16	17	18	19	20	21	22	23	24	25	26	27	28	29
村　長		①	①	①																				
助　役																								
収入役															③	③	③				⑦	⑦	⑦	⑦
議　員	⑫	⑩	⑩	③	③	①	①	⑫	⑫	①	①	㉒	㉒	⑩	⑦	⑦	⑨	⑨	⑦	⑦	㉟	㉟	③	③
区　長	⑩	①	③	⑤	⑦	⑩	㉒	①	⑤	⑦	⑩	⑨	⑩	①	⑤	㊴	㉒	⑦	⑥	③	⑨	⑩	⑤	㉟

年　次	昭　和																								
任　期	3戸が任期1年交代で形式的に区長就任 2)																								
世屋村役職	30	31	32	33	34	35	36	37	38	39	40	41	42	43	44	45	46	47	48	49	50	51	52	53	54
村　長																									
助　役																									
収入役																									
議　員																									
区　長	㉙	⑩	①	⑦	⑤	⑥	㉟	⑩	㉙	①	㉟	㉙	①	㉟	㉙	①	㉟	㉙	①	㉟	㉙	㉟	①	㉟	①

注1）○数字は明治23年の水田所有面積順に付した家番号。
　2）三八豪雪後の昭和39年ころから形式的就任。

【駒　倉】

年　次	明　治											
任　期	区　長　任　期　2　年											
世屋村役職	明25〜26	27〜28	29〜30	31〜32	33〜34	35	36	37	38	39	40	41
村　長												
助　役	㉒							①				
収入役												
議　員	①	①	⑪	⑪	⑯	⑯	⑯	⑲	⑲	⑲	⑲	⑳
区　長	㉟		㉞	⑳	⑯	①	⑭	①	⑪	⑪	⑭	⑯

年　次	明　治			大　正														昭　和				
任　期	区　長　任　期　1　年																					
世屋村役職	42	43	44	大1	2	3	4	5	6	7	8	9	10	11	12	13	14	昭1	2	3	4	5
村　長																						
助　役																						
収入役																		⑯	⑯	⑯	⑯	⑯
議　員	⑳	⑳	⑳	⑯	⑯	⑪	⑪	⑳	⑳	⑭	⑭	⑪	⑪	⑳	⑳	⑪	⑪	⑯	⑯	⑲	⑲	⑪
区　長	⑫	①	⑯	⑪	⑭	⑯	⑳	⑭	⑪	⑪	⑲	⑯	⑳	①	⑰	⑪	㊴	㉘	⑪	㉚	⑪	⑰

年　次	昭　和																							
任　期	（前年度の区長代理が翌年に区長となる）																							
世屋村役職	6	7	8	9	10	11	12	13	14	15	16	17	18	19	20	21	22	23	24	25	26	27	28	29
村　長																								
助　役																								
収入役																								
議　員	⑪	⑪	⑪	⑰	⑰	⑳	⑳	㊳	㊳	⑯	⑯	⑪	⑪	⑪	⑪	㉕	㉕	⑤	⑪	⑪	⑪	⑪	⑤	⑤
区　長	⑫	⑲	㉘	⑤	㊳	㊴	⑨	㉚	⑳	㉘	⑲	⑨	㊴	⑭	⑳	㉚	⑤	㉘	⑪	㊴	㉗	⑤	㊳	㉕

年　次	昭　和										
任　期	区　長　任　期　1　年										
世屋村役職	30	31	32	33	34	35	36	37	38	39	40
村　長											
助　役											
収入役											
議　員											
区　長	㊴	⑪	⑨	⑤	㉑	㊳	㉕	⑨	㊷	㉑	①

注1）○数字は明治23年の水田所有面積順に付した家番号。

表3　木子の戸数欠落の過程と階層性

家番号[1]	分家・転入年	欠落年	移　住　先	移住後の生業
①	親方株	平6	岩滝町	老人二人世帯化
②	親方株	昭37	野田川町三河内	機屋勤務と老人が小作農業
③	親方株	昭37	小浜市遠敷	高齢化、無職
④		昭40	岩滝町岩滝	宮津市内の建材店員
⑤	親方株	昭40	野田川町幾地	機屋開業
⑥	親方株	昭39	岩滝町岩滝	機屋開業
⑦	親方株	昭40	岩滝町石田	機屋開業と農業兼営
⑧		昭34	野田川町幾地	機屋勤務・老人小作農業
⑨	親方株	昭39	岩滝町岩滝	機屋開業と農業兼営
⑩	親方株	昭43	宮津市小田	警備員
⑪		昭34	大阪市	鋳物工場勤務
⑫		昭34	加悦町加悦	クリーニング店員・妻が機屋勤務
⑬		明40	宮津町波路（宮津市）	廃絶型失踪
⑭		昭42	大宮町周枳	機屋勤務と小作業
⑮		昭39	岩滝町岩滝	郵便局員
⑯		昭39	野田川町三河内	公民館住込み用務員
⑰		昭38 （昭62夏 のみ帰村）	宮津市惣	プロパンガス店員
⑱		昭36	野田川町幾地	機業自営と小作業
⑲		大4	行先不明	失踪
⑳		昭39	加悦町加悦奥	酒店店員と小作農業・妻が機屋勤務
㉑		昭15	大津市	娘一人廃絶型離村
㉒		昭29	京都市右京区桂	染色業開業
㉓		大13	宮津町川向（宮津市）	廃絶型離村
㉔		昭40	岩滝町岩滝	印刷店勤務
㉕		昭34	加悦町加悦	機屋勤務
㉖		昭34	宮津市柳縄手	定職無く、妻の働きで生活
㉗		昭39	弥栄町木橋	機屋開業
㉘		明37	宮津町住吉（宮津市）	女世帯無職
㉙		昭51	大宮町口大野	農協住込み管理人
㉚	昭6〜17 一時離村 昭18帰村	昭36	岩滝町岩滝	機屋勤務と小作農
㉛		昭42	岩滝町弓ノ木	材木業者の伐出作業員
㉜		昭34	野田川町下山田	機屋勤務と小作農
㉝		昭34	岩滝町岩滝	商店勤務
㉞	明16分家	昭50	死亡廃絶	
㉟		平6	死亡廃絶	
㊱		昭29	岩滝町弓ノ木	機屋勤務と小作兼業
㊲		昭14	死亡廃絶	
㊳	明7分家	昭39	岩滝町岩滝	電気店勤務

家番号[1]	分家・転入年	欠落年	移　住　先	移住後の生業
㊴		昭 29	加悦町加悦	機屋勤務と小作兼業
㊵	明 7 分家	明 38	行方不明	失踪型離村。昭和中期死亡廃絶
㊶		昭 39	加悦町明石	加悦鉄道車掌、鉄道廃線後機屋に転業
㊷		昭 43	岩滝町岩滝	駒倉の離村戸⑯の縁故で宮津の養鶏場勤務
㊸		昭 34	岩滝町弓ノ木	老女一人世帯日雇い労務
㊹		昭 39	岩滝町岩滝	織機修理工、のち自営撚糸業
㊺		昭 59	岩滝町弓ノ木	製材所勤務
㊻		昭 44	死亡廃絶	
㊼	明 7 ㊻より分家	昭 40	野田川町三河内	丹後精工に勤務
㊽		昭 34	宮津市柳縄手	飲料店配達員、のち喫茶店経営
㊾	明 8 分家 大 3 帰村	明 40 昭 5	宮津町（宮津市）	
㊿		昭 28	岩滝町岩滝	機屋勤務と小作農業、のち機屋自営
51	明 14 ⑥より分家	明 36	筒川村野村（伊根町）	山林労務
52	明 8 分家	昭 39	岩滝町弓ノ木	夫婦で機屋勤務、のち機屋自営
53	明 8 分家	昭 28	岩滝町岩滝	女戸主機屋勤務
54	明 19 ⑬より分家	昭 5	宮津町波路（宮津市）	
55	明 19 ④より分家	昭 15	廃絶	
ⓐ	明 8 分家	明 20	宮津町平町（宮津市）	
ⓑ	明 7 分家	明 15	行方不明	
ⓒ	明 12 分家	明 21	須川村（弥栄町野間）	山林労務

注 1) 家番号は、明治 23 年の水田の所有面積の順に付してある。
　 2) 表中の 58 戸の他に、駒倉の出身者で明治末年より木子小学校教員として居住し、昭和 30 年頃に死亡廃絶をした 1 戸があるが、教念寺住職及びその他の教員と共に、戸数の異動には含めていない。

表4　駒倉の戸数欠落の過程と階層性

家番号[1]	分家・転入年	欠落年	移　住　先	移住後の生業
①		昭30	死亡廃絶	
②		昭40	大宮町周枳	老人二人世帯、公民館管理人
③	明9⑪より分家	昭11	岩滝町弓ノ木	
④		昭12	死亡廃絶	
		（大6に1年間、大9〜昭6に大阪市阿倍野区に後継者単身世帯分離）		
⑤		昭36	岩滝町弓ノ木	地方運送会社（関西急送）
⑥		昭39	網野町浅茂川	機屋勤務
⑦		昭11	長善村口大野（大宮町）	機屋勤務、小作兼業
⑧	昭21帰村	昭14転勤 昭29再離村	宮津町 大阪府八尾市	小学校教員 世帯主の死亡で老女一人世帯、無職
⑨		昭38	大宮町口大野	機屋勤務・小作兼業。のち機屋自営
⑩		昭39	岩滝町弓ノ木	織物業を開業
⑪		昭37	岩滝町浜	公民館主事
⑫		昭29	岩滝町弓ノ木	機屋開業
⑬		大13	五十河村（大宮町）	
⑭		昭40	岩滝町男山	製麺業開業
⑮		昭39	宮津市獅子崎	男1人生活保護世帯 ⑯の縁故で宮津の養鶏場管理人
⑯		昭38	宮津市獅子崎	宮津の養鶏場管理人
⑰		昭40	岩滝町男山	岩滝町役場職員
⑱		昭40	岩滝町男山	機屋勤務、のち機屋自営
⑲		昭35	岩滝町岩滝	うどん店開業
⑳	明9㉛より分家	昭40	岩滝町男山	女戸主世帯、無職
㉑	明9㉔より分家	昭40	岩滝町男山	機屋開業
㉒		昭40	宮津市宮本	昭12戸主長期単身離村 老女・病人主婦世帯で、無職
㉓		大13	兵庫県但馬	小学校代用教員
㉔		明38	岩滝村岩滝（岩滝町）	
㉕		昭38	岩滝町立町	機屋勤務、のち機屋自営
㉖		昭29	岩滝町岩滝	商店経営
㉗	安政2 ⑯より分家	昭48	岩滝町男山	無職
㉘		昭37	岩滝町弓ノ木	高齢者で地元の建設会社作業員
㉙		昭39	峰山町菅	製材所勤務
㉚		昭38	岩滝町浜	機屋勤務から郵便局員に転職
㉛	昭3帰村 昭18帰村	大6 昭6 昭22	京都市 京都市 京都市	大7僧職に就任 昭3次男1人帰村（駒倉分校代用教員） 昭6結婚目的で京都に戻る 昭18妻と疎開帰村 昭22妻の死後、京都に戻る
㉜		明36	大阪市北区	破産型離村

家番号[1]	分家・転入年	欠落年	移　住　先	移住後の生業
㉝	明9 ⑰より分家	大6	宮津市魚屋	昭4 後継者がブラジルのサンパウロに再転出
㉞	明9 ㊴より分家	昭37	野田川町上山田	機屋勤務、のち撚糸工場自営
㉟		昭17	死亡廃絶	大6 後継者が五十河へ単身離村。老女残留で死亡
㊱		大10	長善村口大野（大宮町）	機屋勤務、小作兼業
㊲	明10絶家再興	明37	結婚廃絶	女一人世帯、結婚廃絶
㊳	明9 ㉘より分家	昭39	岩滝町浜	日雇労務、妻機屋勤務
㊴		昭39	岩滝町男山	岩滝信用金庫に就職、妻は機屋勤務
㊵		昭33	大宮町口大野	両親死亡で、中学卒業による就職離村
㊶		昭40	岩滝町男山	老女一人世帯で、無職
㊷		昭48	宮津市獅子崎	⑯の縁故で宮津の養鶏場管理人
㊸		明45	五十河村延利（大宮町）	養女一人世帯で再婚廃絶
㊹	明8 ㉛より分家	昭37	岩滝町岩滝	公民館住込み管理人
㊺		昭7	間人町（丹後町）	女一人世帯化、結婚移動
㊻	明29 ②より分家	昭40	宮津市鶴賀	宮津市営島崎会館住込み管理人
㊼	明31 ①より分家	昭6	宮津市京口（宮津市）	両親死亡で丹後海陸交通KK
㊽	昭15 ⑳より分家	昭38	加悦町加悦奥	加悦町農協。昭41 定年退職後は機屋勤務
㊾		明21	合併廃絶	男一人世帯で、㉛に合併
ⓐ	明6 分家	明10	縁組廃絶	後継者が⑮に養子縁組み
ⓑ		明13	宮津町（宮津市）	提燈屋に奉公勤務。のち木子小学校代用教員。木子に永住し、明40『駒倉村縁起』著作
ⓒ	明6 分家	明19	行方不明	

注1）家番号は、明治23年の水田の所有面積の順とその後の分家順に付してある。明治9年の分家はそれ以前
　　の戸籍では他家の付籍になっていたものである。
　2）表中の52戸とは別に、唯念寺の住職と分校教員がいたが、戸数の異動には含めていない。

索　　引

[著者略歴]

坂口慶治(さかぐち　けいじ)、昭和12年大阪市生まれ

学歴：
　昭和35年：京都学芸大学卒業
　昭和44年：立命館大学大学院博士課程単位取得満期退学
　昭和62年：理学博士(筑波大学)

職歴：
　昭和35年：京都府立久美浜高等学校教諭(〜昭和38年)
　昭和52年：京都教育大学助教授
　昭和62年：京都教育大学教授(〜平成13年)
　平成 7年：京都教育大学付属環境教育実践センター長併任(〜平成11年)
　平成13年：京都教育大学名誉教授
　平成13年：平安女学院大学教授(〜平成28年)
　平成28年：びわこ成蹊スポーツ大学教授(〜令和2年)

主な著書：
　1.　廃村の研究 —— 山地集落消滅の機構と要因(単著)：令和4年(海青社)
　2.　日本の農山漁村とその変容(共著)：平成1年(大明堂)
　3.　日本の地域像(共著)：昭和59年(森北出版)
　4.　地表空間の組織(共著)：昭和56年(古今書院)
　5.　町村の広域化と地方自治(共著)：昭和55年(古今書院)

How Kigo and Komakura, Large Villages on the Tango Peninsula, brought Desertion

たんごはんとうのだいしゅうらく　きごとこまくらはどのようにしょうめつしたか
丹後半島の大集落 木子と駒倉はどのように消滅したか

本書web

発行日：2023年12月12日 初版第1刷
定　価：カバーに表示してあります
著　者：坂　口　慶　治
発行者：宮　内　　　久

海青社
Kaiseisha Press

〒520-0112　大津市日吉台2丁目16-4
Tel. (077) 577-2677 Fax (077) 577-2688
https://www.kaiseisha-press.ne.jp/
郵便振替　01090-1-17991